Friedrich Nietzsche und Theodor Lessing

Ein Vergleich

von

Johannes Henrich

Tectum Verlag
Marburg 2004

Henrich, Johannes:
Friedrich Nietzsche und Theodor Lessing.
Ein Vergleich.
/ von Johannes Henrich
- Marburg : Tectum Verlag, 2004
ISBN 978-3-8288-8768-8

© Tectum Verlag

Tectum Verlag
Marburg 2004

Meinen Eltern

Inhaltsverzeichnis

Einleitung 7

I. Nietzsches Weg zur *Zweite[n] Unzeitgemässe[n] Betrachtung* 11
    1.) Vom Kriegserlebnis zum „Standpunkt der Unzeitgemäßheit" 11
    2.) Die Entstehung der *Zweite[n] Unzeitgemässe[n] Betrachtung* 16

II. Die *Zweite Unzeitgemässe Betrachtung* im werkimmanenten
    Kontext 25

III. Von Friedrich Nietzsche zu Theodor Lessing –
    Nietzsche und die Lebensphilosophie 29

IV. Nietzsches Historienschrift in der Rezeption Theodor Lessings 35

V. Theodor Lessings Weg vom Kriegserlebnis zur
    Geschichtsskepsis 39

VI. Das Verhältnis von „Leben" und Geschichte in Nietzsches
    Historienschrift 43
    1.) „Leben" als Fundamentalprinzip 43
    2.) „Leben" und Geschichte – ein Antagonismus? 45
    3.) Über monumentalische, antiquarische und kritische Historie 52

VII. Das Verhältnis von „Leben" und Geschichte in Lessings
    Geschichte als Sinngebung des Sinnlosen 57
    1.) Lessings Lebensbegriff 57
    2.) „Leben" und Geschichte 62
    3.) Geschichte als „Willenschaft" 65
    4.) Lessings Bewertung des Monumentalen in der Historie 71
    5.) Die dreifachen Leitbilder der Geschichte 77

VIII. Das „Prinzip der nachträglichen Sinngebung" bei *Nietzsche* 79

IX. Lessings „Logificatio post festum" 89
    Vorbemerkung 89
    1.) Die historischen Kategorien 90
    2.) Die Psychologie der „Sinngebung des Sinnlosen" 98

X. Nietzsches und Lessings Interpretation des
Fortschrittsbegriffes 107
    1.) Christliches Heilsgeschehen und moderne
Geschichtsphilosophie 107
    2.) Nietzsches und Lessings Kritik der modernen Fortschrittsidee 111

XI. Ergebnisse 123

XII. Literatur 129

Einleitung

Gegenstand dieser Abhandlung, die den Titel „Friedrich Nietzsche und Theodor Lessing. Ein Vergleich" trägt, ist die Gegenüberstellung von Friedrich Nietzsches *Zweite[r] Unzeitgemässe[r] Betrachtung, Vom Nutzen und Nachtheil der Historie für das Leben* und Theodor Lessings *Geschichte als Sinngebung des Sinnlosen*. Dabei geht es sowohl um eine Analyse der Entstehung und der dieselbe bedingenden Zeitumstände beider Texte, als auch um eine Darstellung der wesentlichen Motive und Gedanken, die besonders im Hinblick auf ihre Affinität untersucht werden.

Beginnend mit einer kurzen Rekonstruktion von Nietzsches Entwicklung zu seinem „Standpunkt der Unzeitgemäßheit" (Kap. I,1), werden anschließend wichtige Aspekte im Zusammenhang mit der Entstehung der Historienschrift beleuchtet (Kap. I,2). Hier liegt das Augenmerk vor allem auf dem kulturgeschichtlichen Phänomen des Historismus, dessen Bedeutung für das letzte Drittel des neunzehnten Jahrhunderts respektive für Nietzsches Denken analysiert wird. Nach einem kurzen Blick auf Nietzsches Historienschrift im werkimmanenten Kontext (Kap. II), folgen dann einige Anmerkungen zum Themenkomplex „Nietzsche und die Lebensphilosophie" (Kap. III). Dies erscheint vor allem aus dem Grunde sinnvoll, da einerseits Nietzsches Denken für die Lebensphilosophie von grundlegender Bedeutung ist und andererseits Theodor Lessing dieser Strömung recht eindeutig zugeordnet werden kann. Einem derartigen Kapitel fällt daher die Aufgabe zu, das ideengeschichtliche bzw. philosophiehistorische Bindeglied zwischen beiden Autoren zu beleuchten. Zahlreiche Aspekte und Denkstrukturen, denen in *Vom Nutzen und Nachtheil der Historie für das Leben* eine maßgebliche Bedeutung zukommt und die in Lessings *Geschichte als Sinngebung des Sinnlosen* in ähnlicher oder modifizierter Gestalt wieder auftauchen, erscheinen dann nicht nur als mögliche Einflüsse Nietzsches auf Lessing, sondern kommen auch als Grundzüge lebensphilosophischen Denkens in Betracht.

Die im vierten Kapitel erörterte Frage nach Lessings Rezeption der *Zweite[n] Unzeitgemässe[n] Betrachtung* unterstreicht die Tatsache, dass der hier durchgeführte Vergleich nicht *horizontal* in dem Sinne geführt wird, dass die Positionen zweier lebensphilosophischer Autoren miteinander verglichen werden, sondern *vertikal*, indem vergleichend der Fortführung von Nietzsches Reflexionen über die Historie durch Theodor Lessing nachgegangen wird. Dabei werden selbstverständlich auch die von Nietzsche abweichenden und innovativen Denkansätze Lessings berücksichtigt. Aufgrund der Tatsache dieses *vertikalen* Vergleichs, bei welchem stets die Möglichkeit einer Beeinflussung Lessings durch Nietzsche im Raume steht, erfahren die Umstände der Entstehung der *Zweite[n] Unzeitgemässe[n] Betrachtung* eine vergleichsweise ausführliche Behandlung. Gleichwohl wird aber auch der zeitgeschichtliche und biographische Kontext des Lessingschen Textes erörtert (Kap. V).

Die inhaltliche Gegenüberstellung von Nietzsches Historienschrift und Lessings *Geschichte als Sinngebung des Sinnlosen* setzt mit der Darstellung der Rolle ein, die der Lebensbegriff in Nietzsches Text spielt (Kap. VI,1). Es folgt die Erörterung des Verhältnisses der Begriffe „Leben" und „Geschichte" zueinander (Kap. VI,2) sowie Nietzsches Vorstellung dreier Arten der Historie (Kap. VI,3).

Analog dazu wird sowohl der Lebensbegriff bei Lessing (Kap. VII, 1), als auch das von diesem beschriebene Verhältnis des „Lebens" zur Geschichte untersucht (Kap. VII,2), woran sich die Darstellung der für besagtes Verhältnis wichtigen Qualifizierung der Geschichte als „Willenschaft" anschließt (Kap. VII,3). Zudem wird gezeigt, wie Lessing die von Nietzsche vorgenommene Differenzierung dreier Zugangsweisen zur Geschichte bewertet, was ihm die von Nietzsche so geschätzte „geschichtliche Größe" bedeutet (Kap. VII,4) und welche Zugangsweisen zur Geschichte er Nietzsches Differenzierung entgegensetzt (Kap. VII,5).

Das achte Kapitel dient der Vorstellung desjenigen Gedankens in Nietzsches Text, der später von Lessing diskursiv entwickelt wird und unter dem Namen „logificatio post festum" eine wesentliche Rolle innerhalb seiner Geschichtstheorie spielt.

Die ausführliche Darstellung des besagten Gedankens aus *Geschichte als Sinngebung des Sinnlosen* gliedert sich in zwei Abschnitte, deren erster Lessings historische Kategorienlehre (Kap. IX,1) und der zweite die psychologischen Implikationen der „Sinngebung des Sinnlosen" behandelt (Kap. IX,2).

Den Abschluss bildet ein Kapitel über Nietzsches und Lessings Interpretation des Fortschrittsbegriffs in Bezug auf die Geschichte, welches sich in die Unterabschnitte „Christliches Heilsgeschehen und moderne Geschichtsphilosophie" (Kap. X,1) und „Nietzsches und Lessings Kritik der modernen Fortschrittsidee" gliedert (Kap. X,2).

I. Nietzsches Weg zur *Zweite[n] Unzeitgemässe[n] Betrachtung*

1.) Vom Kriegserlebnis zum „Standpunkt der Unzeitgemäßheit"

Eine wichtige Station auf Nietzsches Weg zu den kulturkritischen Positionen der *Unzeitgemässe[n] Betrachtung[en]* stellt ein Ereignis dar, welches einer seiner Biographen als „[...] das gefährlichste und folgenreichste Abenteuer seiner Existenz [...]."[1] bezeichnet. Es geht um den deutsch-französischen Krieg 1870/71.

Nietzsche, zu dieser Zeit bereits Professor der klassischen Philologie an der Baseler Universität, war vom Ausbruch dieses Krieges überrascht und äußerte seine Bedenken hinsichtlich der weiteren Entwicklung der Ereignisse in einem Brief an seinen Freund Erwin Rohde, der wie Nietzsche der Zunft der Altphilologen angehörte. In diesem Brief, der auf den 19. Juli 1870, den Tag des Kriegsausbruches, datiert ist, schreibt er: „Hier ein furchtbarer Donnerschlag: der französisch-deutsche Krieg ist erklärt, und unsre ganze fadenscheinige Kultur stürzt dem entsetzlichsten Dämon an die Brust. Was werden wir erleben! Freund, liebster Freund, wir sahen uns noch einmal in der Abendröthe des Friedens. Wie danke ich dir! Wird das Dasein jetzt unerträglich, so komme wieder zu mir zurück. Was sind alle unsre Ziele!

Wir können bereits am Anfang vom Ende sein! Welche Wüstenei! Wir werden wieder Klöster brauchen. Und wir werden die ersten fratres sein."[2]

An seine Mutter, Franziska Nietzsche, richtet er am gleichen Tag die Worte: „Wir haben so heiter noch in der Abendröthe des Friedens gelebt. Nun bricht das gräßlichste Ungewitter aus. (Endlich auch bin ich betrübten Muthes, Schweizer zu sein! Es gilt unsrer Kultur! Und da giebt

---

[1] Ross, Werner: Der ängstliche Adler. Friedrich Nietzsches Leben, München ⁴1999, S.237.
[2] Nietzsche, Friedrich: Briefe: April 1869 – Mai 1872; in: Nietzsche, Friedrich: Briefwechsel, Kritische Gesamtausgabe (im Folgenden zitiert als KGA), hrsg. von Giorgio Colli und Mazzino Montinari, zweite Abteilung, erster Band, Berlin/NewYork 1977, S.130f.

es kein Opfer, das groß genug wäre! Dieser fluchwürdige französische Tiger!)"³

Aus beiden Äußerungen Nietzsches wird ersichtlich, dass sich ihm angesichts des bevorstehenden Krieges besonders die Frage nach dem Schicksal dessen stellt, was er später als „[...] Einheit des künstlerischen Stiles in allen Lebensäußerungen eines Volkes"⁴ bezeichnen wird, die Frage nach dem Schicksal der Kultur. Während im Brief an Rohde „unsre Kultur" mit dem Attribut „fadenscheinig" versehen wird und man durchaus den Eindruck gewinnen kann, als begrüße Nietzsche die Zerstörung derselben, wirkt die Verwendung des Begriffes im Brief an die Mutter geradezu patriotisch. „Unsre Kultur" erscheint hier als hohes Gut, das es um jeden Preis vor der Zerstörung durch den „französischen Tiger" zu bewahren gilt.

In einem weiteren Brief, den Nietzsche am 20. Juli 1870 an Sophie Ritschl schreibt, wird ebenfalls ein Zusammenhang zwischen den Begriffen „Krieg" und „Kultur" hergestellt: „Mein Trost ist, dass für die neue Culturperiode doch wenigstens Einige der alten Elemente übrigbleiben müssen: und wie weit, durch einen solchen nationalen Erbitterungskrieg, selbst die Traditionen der Kultur vernichtet werden können, das kann man aus traurigen Analogien der Geschichte sich vergegenwärtigen."⁵

Neben seiner offensichtlichen Sorge um „die Traditionen der Kultur" erwecken diese Worte zudem den Anschein, als halte Nietzsche das Heraufkommen bzw. die Schaffung einer neuen Periode der Kultur für möglich.

Obwohl Nietzsche in diesen Briefen, in denen er unter dem unmittelbaren Eindruck des Kriegsausbruches steht, dem Begriff „Kultur" gegenüber verschiedenen Adressaten eine jeweils andere Bewertung zukommen lässt, verbindet diese Äußerungen der Umstand, dass für ihn der Krieg eine Gefährdung von Kultur darzustellen scheint. Durch die Konfrontation mit dem Krieg, der auf ihn inspirierend zu wirken scheint, ge-

---

³   Ebd., S.131.
⁴   Nietzsche, Friedrich: Unzeitgemässe Betrachtungen, erstes Stück: David Strauss der Bekenner und der Schriftsteller; in: Nietzsche, Friedrich: Sämtliche Werke, Kritische Studienausgabe (im Folgenden zitiert als KSA), Bd.1, hrsg. von Giorgio Colli und Mazzino Montinari, Berlin/New York 1967-77 und ²1988. S.163.
⁵   Nietzsche, Friedrich: Briefwechsel, KGA, Abt. 2, Bd. 1, S.133.

winnt das Nachdenken über Fragen der Kultur für Nietzsche eine besondere Bedeutung. Tatsächlich sollte er sich in seinen anfänglichen Befürchtungen bestätigt sehen.

Einen direkten Einblick in das, was Krieg bedeutet, erhielt er durch seine Teilnahme am Kriegseinsatz der Felddiakonie, einer paramilitärischen Einrichtung, deren Aufgabe u.a. die Pflege der Verwundeten auf dem Schlachtfeld und in den Lazaretten war. Obwohl er nur eine Woche, vom 27. August bis zum 2. September 1870, unmittelbar das Kriegsgeschehen miterlebte, resultierte aus diesem Eindruck eine starke psychische Belastung: „Und schon der Leichengeruch von Wörth, das Blut, der Schmutz, der Haß hatten dem sensiblen Professor hinreichend zugesetzt; durchaus glaubhaft berichtet er in den Briefen, er habe lange einen Klageton im Ohr gehabt."[6]

Der Nietzsche-Biograph Janz schreibt in diesem Kontext: „Trotz dieser Kürze des unmittelbaren Kriegserlebnisses waren die Eindrücke nachhaltig und ernüchternd. Nicht Siegerglanz und Heldenpathos, sondern Schmutz und Elend und eine unverantwortliche Gefährdung menschlicher Existenz mußte er sehen."[7]

Neben die psychischen Leiden traten schließlich noch physische, die eine weitere Teilnahme am deutsch-französischen Krieg unmöglich machten: Nietzsche erkrankte an Rachendiphterie und Ruhr.

Trotz des sich recht schnell abzeichnenden Sieges der deutschen Armeen über die französischen Streitkräfte entwickelt Nietzsche keinen Nationalstolz, sondern vielmehr Ängste angesichts der kriegerischen Zerstörungsmaschinerie, von welcher er nicht nur die Kultur des Kriegsgegners Frankreich bedroht sah: „Je mehr gesiegt wurde, um so schwärzer sah er. Nichts von dem Triumphgefühl, daß nun Frankreich, der >Tiger<, am Boden lag [...] Am tiefsten aber schnitt der Kulturverlust, die Zerstörung alles dessen, was das Leben lebenswert machte, in seine Seele."[8]

Doch trotz (vielleicht sogar aufgrund) aller Belastungen und Bedenken, welche für Nietzsche aus der Konfrontation mit dem Krieg resultierten,

---

[6] Ross, Werner: Der ängstliche Adler, S.245.
[7] Janz, Curt Paul: Friedrich Nietzsche. Biographie, erster Band, München/Wien 1978, S.378.
[8] Ross, Werner: Der ängstliche Adler, S.247f.

entwickelten sich für ihn, der sich jenseits eines nationalen Siegestaumels bewegte, Inspirationen, die ihn auf einen neuen Weg seines schriftstellerischen Tuns führten: „Festzuhalten bleibt, daß der Keim zum kulturpolitischen Erziehertum Nietzsches, zu den >Unzeitgemäßen Betrachtungen< also, schon in den Monaten gelegt wurde, als jedermann in Deutschland und viele ausländische Zuschauer von der Siegesbegeisterung angesteckt waren."[9]

Die ersten Sätze des am 8. August 1873 erschienenen ersten Stückes der *Unzeitgemässe[n] Betrachtung[en], David Strauß der Bekenner und Schriftsteller,* knüpfen an Nietzsches Kriegserfahrung und einer sich für ihn daraus ergebenden kritischen Sicht des deutschen Sieges an, der ihm eher wie ein Sieg der Deutschen über ihre eigene Kultur erscheint. Wie später Theodor Lessing distanziert sich Nietzsche von denjenigen deutschen Schriftstellern, die den Krieg feiern, glorifizieren und mit positiven Sinndeutungen versehen. Ihnen gegenüber nimmt er seinen „Standpunkt der Unzeitgemäßheit" ein: „Die öffentliche Meinung in Deutschland scheint es fast zu verbieten, von den schlimmen und gefährlichen Folgen des Krieges, zumal eines siegreich beendeten Krieges zu reden: um so williger werden aber diejenigen Schriftsteller angehört, welche keine wichtigere Meinung als jene öffentliche kennen und deshalb wetteifernd beflissen sind, den Krieg zu preisen und den mächtigen Phänomenen seiner Einwirkung auf Sittlichkeit, Kultur und Kunst jubilirend nachzugehen. Trotzdem sei es gesagt: ein grosser Sieg ist eine grosse Gefahr. Die menschliche Natur erträgt ihn schwerer als eine Niederlage; ja es scheint selbst leichter zu sein, einen solchen Sieg zu erringen, als ihn so zu ertragen, dass daraus keine schwere Niederlage entsteht. Von allen schlimmen Folgen aber, die der letzte mit Frankreich geführte Krieg hinter sich drein zieht, ist vielleicht die schlimmste ein weitverbreiteter, ja allgemeiner Irrthum: der Irrthum der öffentlichen Meinung und aller öffentlich Meinenden, dass auch die deutsche Kultur in jenem Kampfe gesiegt habe und deshalb jetzt mit den Kränzen geschmückt werden müsse, die so ausserordentlichen Begebnissen und Erfolgen gemäss seien. Dieser Wahn ist höchst verderblich: nicht etwa weil er ein Wahn ist – denn es giebt die heilsamsten und segensreichsten Irrthümer – sondern weil er im Stande ist, unseren Sieg in eine völlige Niederlage

---

[9] Ross, Werner: Der ängstliche Adler, S.249.

zu verwandeln: *in die Niederlage, ja Exstirpation des deutschen Geistes zu Gunsten des „deutschen Reiches".*"¹⁰

Nach dem deutsch-französischen Krieg denkt Nietzsche zudem in „unzeitgemäßer" Art und Weise über Geschichte bzw. Geschichtswissenschaft sowie über das Verhältnis seiner Zeitgenossen zu dieser nach. Dies geschieht in Form der *Zweite[n] Unzeitgemässe[n] Betrachtung,* welche den Titel *Vom Nutzen und Nachtheil der Historie für das Leben* trägt.

Wirft man einen Blick auf die deutsche Traditionslinie geschichtsskeptischer Texte, innerhalb welcher Nietzsches Historienschrift eine bedeutende Rolle spielt, so fällt auf, dass einige wichtige Abhandlungen jeweils in engem zeitlichem Zusammenhang mit einem Krieg entstanden sind. Nietzsche schrieb *Vom Nutzen und Nachtheil der Historie für das Leben* knapp drei Jahre nach besagtem deutsch-französischen Krieg, und Theodor Lessing verfasste *Geschichte als Sinngebung des Sinnlosen* während des Ersten Weltkrieges. Walter Benjamin führte diese Tradition in Form seines zu Beginn des Zweiten Weltkrieges entstandenen Textes *Über den Begriff der Geschichte* fort.

In ihrem Nachwort zu Lessings geschichtsphilosophischem Werk spekuliert Rita Bischof über einen möglichen Zusammenhang zwischen Kriegseindruck und Geschichtsskepsis: „Der Krieg ist bekanntlich der Vater aller Dinge und so scheint er als sein illegitimes Kind auch den Zweifel an der Geschichte gezeugt zu haben. Es läßt sich beobachten, daß die entscheidenden Umorientierungen des Denkens über die Geschichte durch die letzten drei großen Kriege, also durch Katastrophen, bewirkt worden sind. Nach dem deutsch-französischen Krieg schrieb Nietzsche die zweite seiner *Unzeitgemäßen Betrachtungen, Vom Nutzen und Nachteil der Historie für das Leben*: der Geschichtszweifel geht mithin seiner Idealkritik vorher."¹¹

---

[10] Nietzsche, Friedrich: Sämtliche Werke, KSA, Bd.1, S.159f.
[11] Bischof, Rita: Entzauberte Geschichte; in: Lessing, Theodor: Geschichte als Sinngebung des Sinnlosen, München 1983, S.265.

2.) Die Entstehung der *Zweite[n] Unzeitgemässe[n] Betrachtung*

Eine nicht unwesentliche Rolle für die Genese des Essays *Vom Nutzen und Nachtheil der Historie für das Leben* spielt Nietzsches Konfrontation mit dem Historismus, welcher in starkem Maße das geistige und kulturelle Leben zur Zeit der Entstehung des Textes bestimmt.

Historismus meint hier vor allem die „[...] Entwicklung, die im Laufe des 19. Jahrhunderts zu einer ganz ungewöhnlichen (und für uns in seinem Ausmaß kaum vorstellbaren) Vertiefung des historischen Bewußtseins geführt hat. Rechnete man noch am Ende des 18. Jahrhunderts nur mit einigen tausend Jahren Weltgeschichte, so hat sich am Ende des 19. Jahrhunderts der zeitliche Umfang der Weltgeschichte mehr als verzwanzigfacht. Ähnlich ist es mit der Zahl der Kulturen, die den Zeitraum der Vergangenheit erfüllen. Unbekannte Völker, Staaten und Gesellschaften früherer Zeiten wurden entdeckt, das Wissen um die Vergangenheit und die Eigenart vergangener Zeiten nahm geradezu explosionsartig zu. Alle Bereiche der menschlichen Kultur wurden >historisch< gesehen und erforscht."[12]

Steenblock unterstreicht die Tatsache, welch wichtige Bedeutung geschichtliches Denken für breite Schichten der deutschen Gesellschaft, vor allem für das Bildungsbürgertum, hatte: „Dieser Historismus war dabei kein etwa auf die Geschichtswissenschaft beschränktes Paradigma; vielmehr stellte die historische Orientierung für die Bildung des Bürgertums einen Leitsektor dar und hielt – wohl mehr als heute – in der gesellschaftlichen Bedeutung den Naturwissenschaften die Waage."[13]

Nach dem deutsch-französischen Krieg und der darauffolgenden Reichsgründung entwickelt sich das Wort „Historismus" in zunehmendem Maße zu einem Terminus, der für eine Kritik an dieser flächendeckenden Historisierung, an dieser „[...] Position, die die Geschichte zum Prinzip macht [...]."[14], steht. Man kritisierte einen „[...] >historische[n] Positivismus<, als zur Stoffhuberei ausgewucherte Tatsachenforschung und

---

[12] Jaeger, Friedrich/Rüsen, Jörn: Geschichte des Historismus. Eine Einführung, München 1992. S.102.
[13] Steenblock, Volker: Transformationen des Historismus, München 1991, S.27.
[14] Schnädelbach, Herbert: Philosophie in Deutschland 1831-1933, Frankfurt am Main 1983, S.51.

-aufreihung, die alles und jedes Vergangene thematisieren kann, ohne nach Sinn und Beziehung zur Gegenwart zu fragen, die alles und jedes genetisch herleitet und so auch den Standpunkt des erkennenden Subjekts historisch relativiert, kurz: H. [d.i. Historismus] als Indiz für den Auseinanderfall von Subjektivität und Geschichtsinhalt, als Indiz für Identitäts- und Wertverlust [...]."[15]

In der Forschung, die sich ihrerseits historisch mit dem Phänomen des Historismus auseinandersetzt, besteht bei unterschiedlichen Autoren Einigkeit darüber, dass eine derartige Problematisierung und Kritik des Historismus, welche die Krise desselben einleitete, hauptsächlich durch Nietzsches *Zweite Unzeitgemässe Betrachtung* begründet wurde. Jaeger/ Rüsen schreiben in diesem Zusammenhang: „Spätestens bei Nietzsche, der Schopenhauer seinen >Erzieher< nannte, hat das historische Bewußtsein seine historistische Führungsposition als kulturelle Orientierungsmacht der menschlichen Lebensführung verloren zugunsten einer Orientierung an der >plastischen Kraft des Lebens<."[16]

Oexle konstatiert: „In der Entfaltung der Historismus-Problematik, in der Prägung des Historismus-Begriffs und der Bestimmung seiner Dimensionen hat F. Nietzsche mit seiner Schrift >Vom Nutzen und Nachteil der Historie für das Leben< von 1874 eine geradezu konstitutive Bedeutung. Dies ist um so bedeutsamer, als Nietzsche hier den Begriff des >Historismus< bestimmt und das Historismus-Problem erörtert, ohne das Wort >Historismus< auch nur ein Mal zu verwenden. Vermutlich hat das dazu geführt, daß man die konstitutive Bedeutung der Schrift vielfach übersah oder nur in Verkürzungen erfaßte."[17]

Für Steenblock formuliert Nietzsche „[...] zu einer Zeit, in der er noch an die Möglichkeit einer von ihm angestrebten Erneuerung der Kultur glaubt [...] den schon angesprochenen meistverbreiteten Historismus-Vorwurf wohl erstmals und mit besonderer Schärfe: den der bezüglich

---

[15] Scholtz, G.: Historismus, Historizismus; in: Historisches Wörterbuch der Philosophie, hrsg. von Joachim Ritter, Bd. 3: G-H, Basel 1974, Sp.1142.

[16] Jaeger, Friedrich/Rüsen, Jörn: Geschichte des Historismus, S.102.

[17] Oexle, Otto Gerhard: Geschichtswissenschaft im Zeichen des Historismus, Göttingen 1996, S.53.

einer (wie auch immer genau zu definierenden) ‚Lebenspraxis' irrelevanten Stoffhuberei."[18]

Wittkau und Schnädelbach unterstreichen die fundamentale Rolle, die Nietzsches Text hinsichtlich des weiteren Diskurses über Historie im Allgemeinen und Historismus im Besonderen einnimmt: „Nietzsches Frage nach dem Verhältnis von Historie und Leben bezeichnet ein zentrales Problem, das in den nun folgenden Jahren zu einem Grundproblem der Kulturwissenschaften überhaupt werden wird."[19]

„Nietzsches Streitschrift aber ist selbst bereits das erste Dokument *lebensphilosophischer Historismuskritik*, das die wichtigsten Argumente schon enthält und durch seine Wirkung die Abkehr von der Geschichte beschleunigt."[20]

Obwohl Nietzsches *Zweite Unzeitgemässe Betrachtung* besagte Historismus-Kritik lebensphilosophischer Prägung erstmals ausführlich und systematisch darstellt, tauchen Gedanken hinsichtlich einer das menschliche Leben belastenden und somit das Handeln blockierenden Historie schon wesentlich früher auf. Bereits 1839 schreibt Ludwig Feuerbach in einem *Über das Wunder* betitelten Text: „Von dem leichtfüssigen Ross des Rationalismus, das unsere Väter trug, sind wir auf den faulen Packesel eines stieren Historismus und Positivismus herab gekommen. Was unseren Vätern noch vor wenigen Decennien für Thorheit galt, das gilt uns wieder für die tiefste Weisheit; was ihnen nur Bild, nur Vorstellung war, das ist uns wieder zur Sache, zum Factum geworden. Frei und aufrecht war darum der Gang unserer Väter, während wir, die wir die Taschen voll von historischen Factis haben, gebückt und gedrückt einherkeuchen; denn leicht ist das Bild; es ist ätherischen, geistigen Wesens; aber schwer das Factum – es ist grob materieller Natur – das Factum drückt den Menschen zu Boden."[21]

---

[18] Steenblock, Volker: Transformationen des Historismus, S.38.

[19] Wittkau, Annette: Historismus. Zur Geschichte des Begriffs und des Problems, Göttingen 1992, S.53.

[20] Schnädelbach, Herbert: Philosophie in Deutschland 1831-1933, S.83.

[21] Feuerbach, Ludwig: Ueber das Wunder; in: Feuerbach, Ludwig: Sämtliche Werke, neu hrsg. von Wilhelm Bolin und Friedrich Jodl, siebter Band: Erläuterungen und Ergänzungen zum Wesen des Christenthums, Stuttgart/Bad Canstatt ²1960, S.1.

In einem weiteren, ebenfalls aus dem Jahr 1839 stammenden Text gebrauchte Feuerbach eine Formulierung, deren Diktion durchaus auch von Nietzsche stammen könnte. Einen von ihm stark kritisierten Historiker nennt er „[...] die personificirte Missgunst des Historismus gegen die gesunden Blutstropfen der Gegenwart [...]."[22]

Nietzsches bedeutendster Vorläufer und zugleich wichtigster Inspirator hinsichtlich diverser Aspekte seiner Geschichtsauffassung ist jedoch sein Baseler Kollege, der Kultur- und Kunsthistoriker Jacob Burckhardt, der sich ebenfalls nach dem deutsch-französischen Krieg verstärkt Reflexionen hinsichtlich der Weltgeschichte zuwandte: „Es ist sicher auch nicht von ungefähr, daß nach diesem Kriege bei Jacob Burckhardt seine – sicher schon längst in ihm angelegten – neuen, der Winckelmann-Nachfolge diametral zuwiderlaufenden Ansichten über griechische Geschichte als Kulturgeschichte und seine Betrachtungen der Weltgeschichte frei werden, und daß sich um diese Zeit seine Beziehungen und Gespräche mit dem jungen, aber ebenso erschütterten Nietzsche intensivieren."[23]

Burckhardts „Betrachtungen der Weltgeschichte" finden ihren Niederschlag in Gestalt einer *Über das Studium der Geschichte* betitelten Vorlesung, die er zum ersten Mal im Winter 1868, und noch einmal 1870/71 „[...] unter dem Grollen der Gegenwart, der deutsch-französischen Geschütze [...]."[24] gehalten hat. Dass Burckhardts Gedanken über die Weltgeschichte später einer breiten Öffentlichkeit zugänglich werden, ist seinem Neffen Jakob Oeri zu verdanken, der 1905 auf der Grundlage von Burckhardts nachgelassenen Vorlesungsskizzen das Buch *Weltgeschichtliche Betrachtungen* herausgibt.

Ein Brief Nietzsches vom 7. November 1870 an Carl von Gersdorff belegt nicht nur die Tatsache, dass sich der junge Altphilologe unter den Zuhörern jener Vorlesung befand, sondern auch, dass er von dieser beeindruckt war und eine Verwandtschaft der vorgetragenen Gedanken mit

---

[22] Feuerbach, Ludwig: Über Philosophie und Christenthum in Beziehung auf den der Hegelschen Philosophie gemachten Vorwurf der Unchristlichkeit; in: Feuerbach, Ludwig: Sämtliche Werke, siebter Band, Stuttgart/Bad Canstatt ²1960, S.44.

[23] Janz, Curt Paul: Nietzsche, S.368.

[24] Marx, Rudolf: Nachwort; in: Burckhardt, Jacob: Weltgeschichtliche Betrachtungen, hrsg. von Rudolf Marx, Stuttgart 1978, S.243.

seinen eigenen feststellen konnte: „Gestern Abend hatte ich einen Genuß, den ich Dir vor allem gegönnt hätte. Jacob Burckhardt hielt eine freie Rede über ‚historische Größe', und zwar völlig aus unserm Denk- und Gefühlskreise heraus. Dieser ältere, höchst eigenartige Mann ist zwar nicht zu Verfälschungen, aber wohl zu Verschweigungen der Wahrheit geneigt, aber in vertrauten Spaziergängen nennt er Schopenhauer ‚unseren Philosophen'. Ich höre bei ihm ein wöchentlich einstündiges Colleg über das Studium der Geschichte und glaube der Einzige seiner 60 Zuhörer zu sein, der die tiefen Gedankengänge mit ihren seltsamen Brechungen und Umbiegungen, wo die Sache an das Bedenkliche streift, begreift. Zum ersten Male habe ich Vergnügen an einer Vorlesung, dafür ist sie auch derart, daß ich sie, wenn ich älter wäre, halten könnte. In seiner heutigen Vorlesung nahm er Hegels Philosophie der Geschichte vor, in einer des Jubiläums durchaus würdigen Weise."[25]

Ist man in Ansätzen mit Burckhardts Geschichtsdenken vertraut, so werden bereits bei oberflächlicher Lektüre von Nietzsches *Vom Nutzen und Nachtheil der Historie für das Leben* zahlreiche Parallelen zu den *Weltgeschichtliche[n] Betrachtungen* deutlich. Ein Beispiel dafür ist die dezidierte Ablehnung der Geschichtsphilosophie, insbesondere derjenigen Hegels: „Wir verzichten ferner auf alles Systematische; wir machen keinen Anspruch auf ‚weltgeschichtliche Ideen', sondern begnügen uns mit Wahrnehmungen und geben Querschnitte durch die Geschichte, und zwar in möglichst vielen Richtungen; wir geben vor allem keine Geschichtsphilosophie.

Diese ist ein Kentaur, eine contradictio in adjecto; denn Geschichte, d.h. das Koordinieren, ist Nichtphilosophie und Philosophie, d.h. das Subordinieren, ist Nichtgeschichte."[26]

Hinsichtlich (wiederum vor allem Hegels) teleologischer Geschichtsdeutung schreibt Burckhardt: „Wir sind aber nicht eingeweiht in die Zwecke der ewigen Weisheit und kennen sie nicht. Dieses kecke Antizipieren eines Weltplanes führt zu Irrtümern weil es von irrigen Prämissen ausgeht."[27]

---

[25] Nietzsche, Friedrich: Briefwechsel, KGA, Abt.2, Bd.1, S.155.
[26] Burckhardt, Jacob: Weltgeschichtliche Betrachtungen, S.4.
[27] Ebd., S.5.

Wittkau unterstreicht Nietzsches maßgebliche Beeinflussung durch Burckhardts Geschichtsdenken wie folgt: „In wesentlich radikalerer Form setzt er dabei sowohl die Kritik an Hegel als auch die Kritik an der empirischen Geschichtswissenschaft fort, die bei Jacob Burckhardt in der Vorlesung >Über das Studium der Geschichte< bereits angeklungen war. Nietzsche hatte [...] wichtige Anregungen für seine eigene Auseinandersetzung mit diesem Problemkreis erhalten. Die Parallelität in der Stoßrichtung der Kritik bei Nietzsche und Burckhardt ist also nicht zufällig."[28]

Eine gewisse Bedeutung kommt im Zusammenhang mit der Entstehung von Nietzsches Historienschrift auch Reflexionen seines Freundes und Kollegen Franz Overbeck zu. Dieser, der den Baseler Lehrstuhl für kritische Theologie innehatte, reagierte auf die zunehmende Historisierung seines Faches mit einer 1873 erschienenen, ebenfalls unzeitgemäßen Schrift: „Es sei an dieser Stelle noch einmal erwähnt, daß bereits im Jahr zuvor der ebenfalls in Basel lehrende und mit Nietzsche eng befreundete Theologe und Kirchenhistoriker F. Overbeck mit seiner Schrift >Über die Christlichkeit unserer heutigen Theologie< den Angriff gegen die historische Theologie eröffnete und darin zugleich den Kern des Historismus-Problems erörterte."[29] Aufgrund des intensiven und regelmäßigen Kontaktes der beiden zueinander, dürften sie sich gegenseitig im Kampf gegen den Historismus inspiriert haben.

Sommer, der von einer „Waffengenossenschaft" Nietzsches und Overbecks spricht, weist darauf hin, wie sehr auch Nietzsche die Streitschrift Overbecks beeinflusst hat: „Overbeck unterstreicht rückblickend Nietzsches prägende Bedeutung für dieses Buch und für sein ganzes Denken."[30]

Im Unterschied zur *Erste[n] Unzeitgemässe[n] Betrachtung*, für deren Entstehung der Einfluss Richard und Cosima Wagners maßgeblich war, handelt es sich bei Nietzsches Historienschrift nicht um eine Auftragsar-

---

[28] Wittkau, Annette: Historismus, S.46.
[29] Oexle, Otto Gerhard: Geschichtswissenschaft im Zeichen des Historismus, S.49.
[30] Sommer, Andreas Urs: Der Geist der Historie und das Ende des Christentums. Zur „Waffengenossenschaft" von Friedrich Nietzsche und Franz Overbeck, Berlin 1997, S.85.

beit, sondern vielmehr um einen bedeutenden Schritt Nietzsches zu schriftstellerischer Unabhängigkeit.

Nietzsches erste Erwähnung der *Zweiten Unzeitgemässen Betrachtung* findet sich in einem nachgelassenen Fragment namens „Entwurf der ‚Unzeitgemässen Betrachtungen' ", welches auf den 2. September 1873 datiert ist. Als Thema seines Textes bezeichnet Nietzsche hier „Die historische Krankheit."[31]

Die Zeit der Niederschrift des in wenigen Monaten fertiggestellten Essays *Vom Nutzen und Nachteil der Historie für das Leben* ist für Nietzsche hingegen von eigener physischer Krankheit geprägt: „Im November und Dezember mehren sich in den Briefen an alle Adressaten die Klagen über eine labile Gesundheit, nicht nur auf die Augen bezogen, dennoch arbeitet er an einer zweiten >Unzeitgemäßen Betrachtung<:>Vom Nutzen und Nachteil der Historie für das Leben<."[32]

Salaquarda stellt in diesem Zusammenhang fest: „Nietzsches physische Verfassung ist in diesen Wochen und Monaten nicht gut gewesen. Zwar hatten seine Beschwerden noch nicht das Ausmaß angenommen, das ihn 1876/77 zu einem Urlaubsjahr und 1879 schließlich zur Aufgabe der Professur nötigte; aber viele der späteren Symptome waren bereits vorhanden."[33]

Doch trotz körperlichen Leidens arbeitet Nietzsche effizient. Am 18. Januar 1874 kann er an Gersdorff schreiben: „Der Druck der Nr. 2 rückt von der Stelle. Zwei Bogen sind corrigirt und abgeschickt, heute oder morgen trifft der dritte ein, so dass bis Ende Januar ungefähr alles in Ordnung sein kann. Das letzte Capitel habe ich natürlich in Naumburg geschrieben und am Neujahrstag, zu dessen Inauguration, fertig gemacht.

---

[31] Nietzsche, Friedrich: Nachgelassene Fragmente: Sommer 1872 – Ende 1874; in: Nietzsche, Friedrich: Nachgelassene Fragmente, KGA, hrsg. von Giorgio Colli und Mazzino Montinari, dritte Abteilung, vierter Band, Berlin/New York 1978, S.108.

[32] Janz, Curt Paul: Nietzsche, S.551.

[33] Salaquarda, Jörg: Studien zur Zweiten Unzeitgemäßen Betrachtung; in: Nietzsche-Studien, Internationales Jahrbuch für die Nietzsche-Forschung, hrsg. von Ernst Behler, Mazzino Montinari, Wolfgang Müller-Lauter, Heinz Wendel, Bd.13, Berlin/New York 1984, S.6.

Mit wahrer Rührung empfing ich deine Abschrift und die sie begleitenden Zeilen und pries mich glücklich dich als Freund zu haben."[34]

Vom Nutzen und Nachtheil der Historie für das Leben erscheint schließlich am 25. Februar 1874 im Verlag von E.W. Fritzsch, der schon Nietzsches Schrift *Die Geburt der Tragödie* verlegt hatte.

---

[34] Nietzsche, Friedrich: Briefwechsel, KGA, Abt.2, Bd.3, S.192.

II. Die *Zweite Unzeitgemässe Betrachtung* im werkimmanenten Kontext

In der Nietzsche-Forschung werden die *Unzeitgemässe[n] Betrachtung[en]* gemeinhin als Zäsur im Denken und Schaffen des Philosophen betrachtet. Colli beispielsweise bezeichnet die vier Texte als „[...] Werke des Übergangs und der Reifung."[35] Janz betont die Loslösung Nietzsches von der Altphilologie: „Nietzsche war innerlich reif und bereit, seine bisherigen klassischen Studien zu verlassen. Es dürfte darum Wagner keine allzu große Mühe gekostet haben, ihm in den Ostertagen mit dem Auftrag zum >Strauß< den äußeren Anlaß zu geben."[36]

Vom Nutzen und Nachtheil der Historie für das Leben markiert innerhalb der *Unzeitgemässe[n] Betrachtung[en]* selbst einen Bruch, indem sich Nietzsche hier geistig von Richard Wagner emanzipiert und im Vergleich zu den anderen Texten ein höheres Maß an eigener philosophischer Reflexion erreicht. Gerhardt schreibt in diesem Zusammenhang: „In dieser Abhandlung ‚Vom Nutzen und Nachteil der Historie für das Leben' spricht Nietzsche nicht mehr nur als Kritiker, auch nicht mehr bloß als Apologet Wagners, sondern als selbständiger philosophischer Lehrer."[37]

Die Auffassung, dass sich der Essay qualitativ von den übrigen *Unzeitgemässen Betrachtungen* abhebt, findet sich bei zahlreichen Interpreten Nietzsches: „Diese Unzeitgemäße Betrachtung [...] erreicht jedoch ein hohes, spekulatives Niveau, und die Perspektive ist nun nicht mehr mystisch, sondern rational"[38]

„Das Zweite Stück der *Unzeitgemäßen Betrachtungen* [...] ist aufgrund seines hohen spekulativen Niveaus wohl das wichtigste."[39]

---

[35] Colli, Giorgio: Die ersten drei Unzeitgemäßen Betrachtungen; in: Nietzsche, Friedrich: Sämtliche Werke, KSA, Bd.1, S.905.
[36] Janz, Curt Paul: Nietzsche, S.557.
[37] Gerhardt, Volker: Friedrich Nietzsche, München ²1995, S.40.
[38] Colli, Giorgio: Die ersten drei unzeitgemäßen Betrachtungen, S.906.
[39] Ries, Wiebrecht: Nietzsche zur Einführung, Hamburg ⁵1995, S.42.

„Die Einleitungspassage der zweiten ‚Unzeitgemäßen' gehört zu den wichtigsten Theoriestücken in Nietzsches frühen Schriften."[40]

„Diese neue >Unzeitgemäße< ist von allem Ressentiment, von Philologenkleinlichkeit und Zeitverdrossenheit befreit. Sie trifft ihre Unterscheidungen (so die berühmte zwischen *monumentalischer, antiquarischer* und *kritischer* Geschichtsbetrachtung) mit größter Gedankenklarheit und Gelassenheit, und sie macht der Zeit den Prozeß, ohne ihr ins Gesicht zu schlagen. Sie faßt die Ergebnisse in Thesen zusammen, die wie gemeißelt dastehen [...]."[41]

Es ist wohl nicht zuletzt jenes hohe Reflexionsniveau, welches das zweite Stück zum wirkungsmächtigsten Text der *Unzeitgemässen Betrachtungen* gemacht hat: „Kaum ein Text Nietzsches hat eine breitere Wirkung gehabt als diese erste lebensphilosophische Wissenschaftskritik [...]."[42]

Wie Salaquarda konstatiert, hat Nietzsche den Text später, im Gegensatz zur Popularität, welche ihm vor allem im 20. Jahrhundert zuteil wurde, eher stiefmütterlich behandelt: „[...] daß die spätere Forschung der *Zweiten Unzeitgemässen* mehr Gerechtigkeit angedeihen ließ als Nietzsche selbst."[43]

Als Beispiel für Nietzsches offensichtliche Distanzierung von der „Historienschrift" sei die Tatsache erwähnt, dass er dem Essay in seiner späten, autobiographischen Schrift *Ecce Homo* nur wenige Sätze widmet, während die übrigen *Unzeitgemässe[n] Betrachtung[en]* wesentlich ausführlicher abgehandelt werden.

Doch dieses Umstandes ungeachtet erlangt *Vom Nutzen und Nachtheil der Historie für das Leben* eine nicht geringe philosophie- und geistesgeschichtliche Bedeutung, die Ross mit den Worten charakterisiert: „Nietzsche hat die Geschichtszweifel, die Geschichtsfeindlichkeit einer

---

[40] Gerhardt, Volker: Nietzsche, S.97.
[41] Ross, Werner: Der ängstliche Adler, S.365.
[42] Gerratana, Federico: Unzeitgemäße Betrachtungen; in: Kindlers Neues Literaturlexikon, hrsg. von Walter Jens, Bd.12, München 1991, S.439.
[43] Salaquarda, Jörg: Studien zur Zweiten Unzeitgemäßen Betrachtung, S.44.

kommenden Zeit so eingeleitet wie Rousseau ein Jahrhundert zuvor Kulturzweifel und Kulturfeindlichkeit."[44]

---

[44] Ross, Werner: Der ängstliche Adler, S.365.

III. Von Friedrich Nietzsche zu Theodor Lessing – Nietzsche und die Lebensphilosophie

Hinsichtlich des Einflusses von Nietzsche-Texten und vor allem der Wirkung der *Zweite[n] Unzeitgemässe[n] Betrachtung*, fällt sehr schnell der Blick auf jene philosophische Strömung, die man zeitlich in erster Linie mit dem Ende des 19. und dem Beginn des 20. Jahrhunderts in Verbindung bringt und die philosophiehistorisch unter dem Namen „Lebensphilosophie" gehandelt wird.[45]

Im Unterschied zu anderen, in zeitlicher Nähe zur Lebensphilosophie stehenden philosophischen Strömungen (Phänomenologie, Neukantianismus etc.) handelt es sich bei dieser nicht um eine definitorisch klar umreißbare philosophische Richtung oder Disziplin, die nahezu ausschließlich im akademischen Diskurs eine Rolle spielte oder sich nur an einem bestimmten universitären Diskurs entzündete, sondern vielmehr um eine Bewegung, die in enger Verbindung zur historischen Situation, zu gesellschaftlichen, politischen und kulturellen Phänomenen ihrer Zeit stand. Eine Analyse, die einen Aspekt aus dem Umkreis der Lebensphilosophie behandelt, sollte diese Tatsache stets berücksichtigen.

Die Zeit, in der die Lebensphilosophie stark an Bedeutung gewinnt „[...] ist geprägt durch die Entfremdungserfahrung, durch das Gefühl, daß der Mensch sich in den von ihm konstruierten Welten nicht mehr wiedererkennt. Daraus entsteht das Verlangen, die wissenschaftliche Erfahrung an die Fülle der natürlichen Welterfahrung zurückzubinden. Dazu muß der Begriff des erkennenden Subjekts weiter ausgelegt werden, als es Empirismus und Rationalismus tun. Schopenhauers Voluntarismus bringt hier die entscheidende Weichenstellung, und Nietzsche hat daraus

---

[45] Der Verfasser ist sich durchaus der Tatsache bewusst, dass in Deutschland der Terminus „Lebensphilosophie" bzw. „Philosophie des Lebens" bereits in der Zeit der Wende vom 18. zum 19. Jahrhundert, u.a. angeregt durch Autoren wie Fr. Schlegel und Novalis, eine Rolle spielte. Wenn im Folgenden von „Lebensphilosophie" die Rede ist, dann bezeichnet dieser Begriff jedoch stets die lebensphilosophische Periode zu Beginn des 20. Jahrhunderts.

seine radikalen Konsequenzen gezogen, die den Horizont der Lebensphilosophie abstecken."[46]

Bereits in den frühen zwanziger Jahren charakterisiert Max Scheler die Lebensphilosophie als eine den akademischen Rahmen deutlich überschreitende Strömung: „Was man vielmehr mit jenem allgemeinen Schlagworte meint – und es ist gerade seine Unbestimmtheit, die ihm die Macht über die jungen Geister verleiht und die ihm gleichzeitig den Charakter einer Forderung der Zeit als einer Einheit der Denkweise und des Sehens einer neuen Generation innerhalb der höchsten europäischen Bildungsschicht gibt – das ist ein anderes: eine >Philosophie des Lebens<, in deren Benennung >des Lebens< ein Genitivus subjektivus ist, d.h. eine Philosophie aus der Fülle des Lebens heraus, ja – schärfer gesagt – eine *Philosophie aus der Fülle des Erlebens heraus* [...]."[47]

Otto Friedrich Bollnow kommt 1958 zu folgender Einschätzung: „Es handelt sich vielmehr um eine allgemeine geistige Bewegung, die die verschiedenen Bereiche des geistigen Lebens in gleicher Weise durchdringt und sich nur im philosophischen Bereich in ihrer begrifflichen schärfsten Form ausprägt."[48]

Da besagter philosophischer Bereich teilweise sehr stark differierende Ansätze aufweist, gestaltet sich die treffende Formulierung eines möglichst viele dieser Ansätze vereinenden Momentes als schwierig. Einen sehr wesentlichen und grundlegenden Aspekt lebensphilosophischen Denkens drückt ein Passus in Nietzsches *Zweite[r] Unzeitgemässe[r] Betrachtung* aus, der die Bedeutung dieses Textes für die spätere Lebensphilosophie unterstreicht: „Soll nun das Leben über das Erkennen, über die Wissenschaft, soll das Erkennen über das Leben herrschen? Welche von beiden Gewalten ist die höhere und entscheidende? Niemand wird zweifeln: das Leben ist die höhere, die herrschende Gewalt, denn ein Erkennen, welches das Leben vernichtete, würde sich selbst mit vernichtet haben. Das Erkennen setzt das Leben voraus, hat also an der

---

[46] Fellmann, Ferdinand: Lebensphilosophie. Elemente einer Theorie der Selbsterfahrung, Reinbek bei Hamburg 1993, S.29.

[47] Scheler, Max: Versuche einer Philosophie des Lebens. Nietzsche – Dilthey – Bergson; in: Scheler, Max: Vom Umsturz der Werte, Abhandlungen und Aufsätze, Gesammelte Werke, Bd. 3, Bern ^{5}1972, S.313.

[48] Bollnow, Otto Friedrich: Die Lebensphilosophie, Berlin/Göttingen/Heidelberg 1958, S.8.

Erhaltung des Lebens dasselbe Interesse, welches jedes Wesen an seiner eigenen Fortexistenz hat."[49]

Nietzsches Gedanke, das Leben sei die Voraussetzung des Erkennens und somit notwendigerweise dem wissenschaftlich-diskursiven Denken vorgeordnet, drückt jenen Grundzug lebensphilosophischen Denkens aus, den man als die Auffassung vom „Primat des Lebens" bezeichnen könnte. Präziser formuliert kann man sagen, dass zahlreiche Lebensphilosophen „[...] in den Phänomenen des inneren Lebens und ihren psychischen und geschichtlich kulturellen Äußerungen einen Ausgangspunkt zur Überwindung der rationalistischen Subjekt-Objekt-Spaltung suchen."[50]

Dass Nietzsche für die Lebensphilosophie bzw. für viele derjenigen Denker, die dieser Strömung zugerechnet werden, eine wichtige Rolle spielt, ist kaum zu bestreiten. Unterschiedliche Auffassungen gibt es allerdings in Bezug auf die Frage, ob man Nietzsche selbst bereits als Lebensphilosophen bezeichnen kann. Einen Hinweis auf Nietzsches Selbstverständnis in dieser Frage liefert ein Brief des Philosophen an Mathilde Maier, der auf den 15. Juli 1878 datiert ist: „Jetzt schüttele ich ab, was nicht zu mir gehört, Menschen, als Freunde und Feinde, Gewohnheiten Bequemlichkeiten Bücher; ich lebe in Einsamkeit auf Jahre hinaus, bis ich wieder, als *Philosoph des Lebens*, ausgereift und fertig verkehren darf."[51]

Max Scheler vertritt in seinem 1922 erschienenen Text *Versuche einer Philosophie des Lebens. Nietzsche – Dilthey – Bergson* die Auffassung: „Friedrich Nietzsche besaß die >Philosophie des Lebens< noch nicht. Und doch schwebt er über den modernen Versuchen wie ein verborgener Schutzgeist [...]."[52]

Bollnow kommt in seinem Buch *Die Lebensphilosophie* zu dem Schluss: „Nietzsche und Dilthey waren, in ihren sehr verschiedenen Naturen einander polar gegenüberstehend, die beiden führenden Vertreter dieser

---

[49] Nietzsche, Friedrich: Sämtliche Werke, KSA, Bd.1, S.330f.
[50] Pflug, G.: Lebensphilosophie; in: Historisches Wörterbuch der Philosophie, hrsg. von Joachim Ritter und Karlfried Gründer, Bd.5, Basel 1980, Sp139.
[51] Nietzsche, Friedrich: Briefwechsel, KGA, Abt.2, Bd.5, S.338.
[52] Scheler, Max: Versuche einer Philosophie des Lebens. Nietzsche – Dilthey – Bergson, S.314.

neuen Lebensphilosophie, ja man kann sagen, daß sich erst in ihnen der vorher mehr dichterisch gestaltete Lebensbegriff zu einer wirklichen Lebensphilosophie verdichtet hat."[53]

Karl Albert systematisiert die Lebensphilosophie dergestalt, indem er das Philosophieren Schopenhauers als *Vorbereitung*, dasjenige Nietzsches als *Grundlegung* und das Denken Theodor Lessings als *Entfaltung* der Lebensphilosophie beschreibt.[54]

Wie bereits angedeutet, haben Nietzsches *Unzeitgemässe Betrachtunge[n]* und in erster Linie der wohl bedeutendste der vier Essays, die Historienschrift, auf die spätere Lebensphilosophie Einfluss ausgeübt. Da die für die Lebensphilosophie hauptsächlich relevanten Denkansätze der *Unzeitgemässe[n] Betrachtung[en]* und der Historienschrift hier nicht in Gänze abgehandelt werden können und die wesentliche Aufgabe dieser Darstellung in einem Vergleich von Nietzsches Historienschrift mit Theodor Lessings *Geschichte als Sinngebung des Sinnlosen* besteht, möchte ich mich auf die Erwähnung dreier wichtiger Aspekte beschränken.

An erster Stelle muss die oben bereits angesprochene Zentrierung des Lebensbegriffes in *Vom Nutzen und Nachtheil der Historie für das Leben* genannt werden. Für diese ist vor allem charakteristisch, dass der Begriff „Leben" zumeist in ein Oppositionsverhältnis zu Termini wie Erkennen, Weisheit usw. gesetzt wird. In diversen Texten lebensphilosophischer Autoren taucht dieses Schema wieder auf. Lessing beispielsweise macht sich „Gedanken über den Gegensatz von Leben und Geist".[55]

Zweitens gehören der Lebensphilosophie einige Texte zu, die sich mit Geschichte und Geschichtswissenschaft auseinandersetzen oder selbst Geschichtsphilosophie sind. Auch hierfür war der Einfluss von Nietzsches Historienschrift maßgeblich: „Charakteristisch für die Lebensphilosophie ist auch ein Interesse für die Geschichte und die Geschichtswissenschaft. Dilthey und Nietzsche waren hier vorangegangen, und Spengler hatte eine aufsehenerregende Geschichtsphilosophie veröffent-

---

[53] Bollnow, Otto Friedrich: Die Lebensphilosophie, S.6.
[54] siehe: Albert, Karl: Lebensphilosophie. Von den Anfängen bei Nietzsche bis zu ihrer Kritik bei Lukács, Freiburg (Breisgau)/München 1995.
[55] Lessing, Theodor: Die verfluchte Kultur. Gedanken über den Gegensatz von Leben und Geist, München 1995.

licht. Lessing bringt 1919 sein Buch *Geschichte als Sinngebung des Sinnlosen* heraus, sein erfolgreichstes Buch. Georg Simmel hatte die Erkenntnisse der Geschichtswissenschaft als schöpferische Umgestaltung der historischen Ereignisse durch das erkennende Subjekt interpretiert."[56]

Schließlich hat die kulturkritische Stoßrichtung der *Unzeitgemässe[n] Betrachtung[en]* auf diverse Lebensphilosophen inspirierend gewirkt. Albert schreibt in diesem Zusammenhang: „Die in den Jahren 1873 bis 1876 entstandenen ‚Unzeitgemäßen Betrachtungen' enthalten Ansätze zu einer allgemeinen Kulturkritik, die von den Lebensphilosophen des beginnenden 20. Jahrhunderts dann aufgenommen und weitergeführt wurde [...]." Als Beispiele führt er folgende Bücher an: „Man denke an Rudolf Pannwitzens Werk ‚Die Krisis der europäischen Kultur' (1917), an Klages mit seiner These vom Geist als Widersacher der Seele, an Theodor Lessing und seine Bücher ‚Europa und Asien. Untergang der Erde am Geist' sowie ‚Die verfluchte Kultur', an O. Spenglers ‚Untergang des Abendlandes' oder auch an die kulturvergleichenden Betrachtungen Hermann Graf Keyserlings [...]."[57]

Nietzsches Einfluss auf die Lebensphilosophie schlägt sich bei einigen Autoren dieser Strömung in Form von Abhandlungen bzw. Büchern über den Philosophen nieder. Zu diesen gehört auch Theodor Lessing, jener Philosoph, dessen Buch *Geschichte als Sinngebung des Sinnlosen* im Folgenden zum Vergleich mit Nietzsches Historienschrift ansteht. Lessings Werk weist gleich zwei umfangreichere Arbeiten über Nietzsche auf. Im folgenden Kapitel geht es in der Hauptsache um die Frage, in welchem Lichte die *Zweite Unzeitgemässe Betrachtung* in Lessings Nietzsche-Büchern erscheint.

---

[56] Albert, Karl: Lebensphilosophie. Von den Anfängen bei Nietzsche bis zu ihrer Kritik bei Lukács, S.130.
[57] Ebd., S.58.

IV. Nietzsches Historienschrift in der Rezeption Theodor Lessings

Der erste Text Theodor Lessings, der sich in größerem Umfange mit Nietzsche beschäftigt, erscheint im Jahre 1906 unter dem Titel *Schopenhauer, Wagner, Nietzsche. Einführung in die moderne deutsche Philosophie*. Die Grundlage dieses Buches stellen zahlreiche Vorträge dar, die Lessing lediglich mit Hilfe kurzer Notizen gehalten und später anhand der Mitschriften einiger Zuhörer schriftlich ausgearbeitet hat. Nach Lessings eigener Aussage handelte es sich um „[...] Vorträge, die zur ersten Einführung in die Seelenwelt der drei größten Gestalter unserer Tage dienen sollen."[58]

Neben der aus heutiger Sicht merkwürdig anmutenden Gleichstellung Richard Wagners mit Schopenhauer und Nietzsche, markiert diese Aussage Lessings eine typisch lebensphilosophische Stoßrichtung, die in wohlmeinender Auslegung als „über das theoretische Wissen hinausgehend" betrachtet werden kann, von Kritikern der Lebensphilosophie allerdings häufig als „irrational" und „psychologistisch" bezeichnet worden ist. An Schopenhauer, Wagner und Nietzsche fasziniert Theodor Lessing, dass sie nicht nur denken, sondern in einzigartiger Art und Weise *gestalten*. Es geht keineswegs nur um eine Analyse ihrer philosophischen Werke, sondern auch um ihre *Seelenwelt*.

In Anbetracht des oben festgestellten Einflusses, den Nietzsches Beschäftigung mit Kultur und seine Kulturkritik auf die Lebensphilosophie hatte, ist zunächst sehr interessant, was Lessing als den wichtigsten Antrieb in Bezug auf Nietzsches Denken feststellt: „Wir wollen in Nietzsches Entwicklung – trotz des Widerspruches von Frau Förster-Nietzsche – eine Abfolge dreier eng zusammengehöriger Perioden unterscheiden (ästhetische, intellektuale und religiöse Periode), deren letzte auf einem neuen, höheren Niveau die Grunderkenntnisse der ersten noch einmal wieder aufnimmt. – Durch all diese Perioden läuft als treibende Kraft ein einziges, äußerst heikles, gefahrvolles und neues Problem, das Problem der Kultur. Zunächst freilich noch nicht in der Absicht, daß Wesen Nutzen und Wirkung der Kultur überhaupt in Frage gestellt wird,

---

[58] Lessing, Theodor: Schopenhauer, Wagner, Nietzsche. Einführung in die moderne deutsche Philosophie, München 1906, S.2.

sondern anfangs in dem Sinne, daß er nach den qualitativen Inhalten der Kulturen forscht und dabei erfragt, welches positive Kulturideal für den Europäer kommender Tage wohl zu ergreifen sei."⁵⁹

Von Nietzsches Historienschrift spricht Lessing hier als „[…] der vielleicht wertvollsten Schrift dieser ersten Lebenshälfte über den Nutzen und Nachteil der Historie fürs Leben."⁶⁰

Im Folgenden skizziert er wichtige Aspekte der Historismus-Kritik Nietzsches in einer Art und Weise, die vergessen lässt, dass die vorgetragenen Gedanken nicht seine eigenen sind und die zudem suggeriert, dass Lessing die Zielscheibe dieser Kritik für nach wie vor existent hält: „Es ist vielleicht ein Glück für die moderne Kultur, daß die große alexandrinische Bibliothek verbrannte. Und es würde ein noch größeres sein, wenn eine frische Revolution den ganzen Wust unserer Museen, unserer Stadt-, Staats-, Universitäts-, Landes- und Archiv-Bibliotheken plötzlich hinwegfegte, in denen wir so viel kommentieren, rubrizieren, ruminieren, was andere gelebt haben, daß wir nicht mehr dazu kommen, selber zu leben."⁶¹

An anderer Stelle heißt es: „Wenn wir die Entwicklung der Wissenschaften von der Renaissance bis zur Neuzeit betrachten, so könnte sich uns der Gedanke aufdrängen, daß die Menschheit allmählich an ihrer Intelligenz zugrunde geht! Die Historie, das Wissen von dem, was geschehen ist, eigentlich geschehen müßte oder faktisch geschieht, lähmt unsere eigene Handelns- und Entschlußfähigkeit. Der Mensch, welcher in der Lage ist, immer überlegen, sinnieren, reflektieren zu sollen, was denn eigentlich wahr und gut sei, untergräbt seine Fähigkeit zu Entschluß und Tat. Und dies scheint unhemmbar das Los der modernen Seele zu werden."⁶²

Im Jahre 1925 erscheint ein Buch Lessings, das sich ausschließlich mit Nietzsche befasst und im Titel einzig den Namen des Philosophen trägt: *Nietzsche*.

---

[59] Ebd., S.252.
[60] Ebd., S.266.
[61] Ebd., S.269f.
[62] Ebd., S.305.

Wie zahlreiche spätere Biographen und Interpreten betrachtet auch Lessing in diesem Buch den deutsch-französischen Krieg als einschneidendes Ereignis im Leben Nietzsches: „Damit kommt für sein strahlendes Leben die Wende. Von nun an treibt es Schritt um Schritt in Fraglichkeit und Gefährnis."[63] Zudem schildert er in eindringlichen Worten Nietzsches Entwicklung zum „unzeitgemäßen Denker" und Kritiker seiner Zeit: „Sodann wurde unter der Feuertaufe der Knabe zum Wissenden, der Schwärmer zum Zweifler. Und wie nun siegreich das neue Reich erstand, wie alle schwelgten in Selbstgerechtigkeit und Wahn, das erlesene Führervolk zu sein, da floh Nietzsches Herz zu den Unterlegenen, suchten seine Gedanken zeitfremde Ziele, bald aus individualistischen, bald aus übervölkischem Ethos. Immer weiter fühlte er sich zurückgestoßen von Zeit und Zeitgenossen, bis er schließlich statt Verkünder des neuen Deutschland der Feind des neuen Reiches war. Der ‚große Unzeitgemäße', welcher Kampf ansagte nahezu allen führenden Personen und Kräften unserer Bildung Philologie, Pädagogik, Geschichtsschreibung, Theologie, Wirtschaftslehre, Technik, Staatskunst [...] Aber seit 1871 begannen schon jene zeitkritischen Aufzeichnungen, mit denen er als erster die Morschheit des neuen Deutschlands betastete."[64]

Lessings affirmatives Verhältnis zu Nietzsches Historienschrift, welches die Möglichkeit diverser Einflüsse dieses Textes auf sein eigenes Geschichtsdenken untermauert, tritt in *Nietzsche* sehr stark hervor. Direkt zur *Zweiten Unzeitgemässen Betrachtung* schreibt Lessing: „Weitaus die wichtigste dieser Schriften, und einer der besten Schriften Nietzsches überhaupt, ist die Studie über ‚Nachteil und Nutzen der Weltgeschichte', denn in ihr wird eine neue Frage gestellt, welche die Menschen nie wieder zur Ruhe kommen lassen wird und zuletzt zur Auflösung aller Voraussetzungen, auf deren Boden auch Nietzsche selbst noch gestanden hat und allein stehen konnte."[65] Weiter unten heißt es: „Die Schrift über Geschichte war der erste Flügelschlag, das erste Augenaufschlagen, das erste staunende Infragestellen. Sie bezweifelte Newtons Wahn der Objektivität. Sie gilt uns heute als das unsterbliche Seitenstück zu Vicos ‚Prinzipi di una szienza nuova' von 1725, womit der ungeheure Selbst-

---

[63] Lessing, Theodor: Nietzsche, Berlin 1925, S.24.
[64] Ebd., S.25.
[65] Ebd., S.28.

betrug der Bildungsmenschheit, der Weltgeschichts-, Entwicklungs- und Fortschrittswahnsinn einst begann. Erst wenn dieser Zauber wieder verschwunden sein wird, so wird die Bahn frei sein für eine neue Art von Geschichte, nicht wirklich, aber wahr, für den ‚Mythos', der das ‚Wesen' sieht, aber keine Wirklichkeiten zusammenlügt [...]."[66]

---

[66] Ebd., S.30.

V. Theodor Lessings Weg vom Kriegserlebnis zur Geschichtsskepsis

In ähnlicher Weise wie für Nietzsches Denken der deutsch-französische Krieg prägend gewesen ist, bedeutete der Erste Weltkrieg für Theodor Lessing einen tiefen Einschnitt, während dessen Dauer der jüdische Philosoph innerhalb der deutschen Intellektuellen zunehmend zu einem Außenseiter wurde, vor allem wegen seines nicht gerade zeitgemäßen Denkens.

Viele dieser Intellektuellen fühlten sich angesichts dieses Krieges zu einer besonderen Aufgabe berufen: „[...] denn der erste Krieg europäischer Welten packte die deutschen Schriftsteller und Intellektuellen bei ihrer nachgeordneten sozialen Stellung im Kaiserreich. Endlich konnten sie beweisen, zu welchem Heldenmut – am Schreibtisch – sie fähig waren. Mit stilistischer Prägnanz, die eine irrwitzige historische Logik kaum zu verdecken mochte, hauchte man dem Gemetzel Unumgänglichkeit ein, Sinnerzwingung trat an die Stelle des triftigen Arguments, der ausgewiesenen Rede über Ursachen und Wirkungen. Übernatürliche Kräfte mußten für die Legitimation des Krieges als einer heiligen Sache herhalten. Die meisten der deutschen Philosophen, Schriftsteller und Wissenschaftler wurden zu wendigen Technikern des Geistes, dementierten damit das letzte Quentchen an Weltbürgerlichkeit im Dienste der sogenannten >Ideen von 1914<."[67]

Kurt Flasch schreibt in seinem Buch *Die geistige Mobilmachung*, welches die Rolle der deutschen Intellektuellen im Ersten Weltkrieg beleuchtet: „Die wechselseitigen Vernichtungsaktionen, von christlichen Monarchen geführter Völker, mußten sich mit ihrer [der Intellektuellen] Hilfe als nach herrschenden Ansichten sinnvoll erweisen. Viele Intellektuelle ergriffen freudig diese Aufgabe als ihre vaterländische Pflicht [...]."[68]

Theodor Lessing war unmittelbar vor Ausbruch des Krieges fest dazu entschlossen, mit der Ausarbeitung seines Hauptwerkes zu beginnen,

---

[67] Marwedel, Rainer: Theodor Lessing: 1872–1933. Eine Biographie, Darmstadt/Neuwied 1987, S.147.
[68] Flasch, Kurt: Die geistige Mobilmachung. Die deutschen Intellektuellen und der erste Weltkrieg. Ein Versuch, Berlin 2000, S.373.

welches den Titel *Philosophie der Not* tragen und vier Bücher umfassen sollte. Zahlreiche Vorarbeiten dazu waren bereits geleistet. Doch der Krieg vereitelte derartige Pläne.

Wie einst Nietzsche im deutsch-französischen Krieg, engagierte sich Lessing im Ersten Weltkrieg zunächst in Form einer Beteiligung an der medizinischen Versorgung von Verwundeten. Dies tat er allerdings nicht als Krankenpfleger, sondern als Arzt; und wie bei Nietzsche verursachten die Kriegseindrücke bei Lessing starke Seelenqualen, die auch ihn dazu brachten, seinen Kriegseinsatz vorzeitig abzubrechen. In seiner Autobiographie *Einmal und nie wieder*, deren Vorwort Hans Mayer in offensichtlicher Anlehnung an Nietzsche mit den Worten „Der *unzeitgemäße* Theodor Lessing"[69] überschrieben hat, schildert der Autor seine Erlebnisse wie folgt: „In jenen Kriegsjahren wäre ich zweifellos zugrunde gegangen, wenn nicht mein altes Medizinstudium mir zur Rettung geworden wäre. Ich war nach meinem Militärpaß (und das war damals das einzig gültige Dokument) Doktor der Medizin. Ich stand als Arzt in der Stammrolle und hatte demnach Offiziersrang; was von mir im Lazarettdienst gefordert wurde, das konnte ich mit gutem Gewissen leisten, denn Menschenkenntnis ersetzte, was an Übung und Erfahrung gebrach. Ich habe freilich, übergewissenhaft und übervorsichtig, nichts gelernt als richtige Diagnostik. Im übrigen quälte mich damals das grauenhafte Leiden der Menschen und eben darum wohl klammerte sich jeder gern an mich, so daß ich immer im Dienst überanstrengt, zusammengeklappt wäre, wenn nicht schon 1915, als das Lehrpersonal knapp zu werden begann, sich Gelegenheit geboten hätte, als Hilfslehrer an die Gymnasien meiner Vaterstadt zu kommen."[70]

Lessings Eindruck des vielfältigen, durch den Krieg naturgemäß hervorgerufenen Mordens und Leidens, welches zudem seitens zahlreicher Autoren philosophische Rechtfertigung erfuhr, brachten ihn zur Abfassung eines „unzeitgemäßen" Buches, eines Anti-Kriegsbuches, das be-

---

[69] Mayer, Hans: Der unzeitgemäße Theodor Lessing; in: Lessing, Theodor: Einmal und nie wieder, Gütersloh 1969, S.7.

[70] Lessing, Theodor: Einmal und nie wieder, Gütersloh 1969, S.404.

reits im Titel seinen Autor als Antipoden des Zeitgeistes erscheinen lässt: *Geschichte als Sinngebung des Sinnlosen.*[71]

Mehrfach hat Lessing den Zusammenhang zwischen dem Kriegserlebnis und der Entstehung dieses Textes betont: „Meine Geschichtszweifel aber nahmen ihren Ausgang von den Eindrücken und Erlebnissen dreier Kriegsjahre."[72] In seiner Autobiographie heißt es in Bezug auf den Krieg: „Wie ich ihn erlebte (meiner ganzen Natur nach vom ersten Augenblick an als Frondeur; mit jedem Blutstropfen angewidert von der gräßlichen Barbarei des Zeitalters), das steht zu lesen in >Geschichte als Sinngebung des Sinnlosen<, einem im Kriege niedergeschriebenen Buch, das mir den ersten Erfolg brachte."[73] Auch sein Biograph Marwedel konstatiert: „Dieser Angriff gegen die deutsche Geschichtswissenschaft hat seinen politisch moralischen und wissenschaftlichen Grund im 1. Weltkrieg, als die meisten deutschen Historiker sozialpathologische Kausalstiftungen zwischen einer direkt von Gott kommenden germanischen Auserwähltheit und den in den Sternen einbeschriebenen Schicksalsmächten herstellten."[74]

Hinsichtlich seines geschichtskritischen Standpunktes bzw. seiner nicht zuletzt daraus resultierenden Rolle als unbequemer Außenseiter, die er im Deutschen Reich einnimmt, sieht sich Theodor Lessing in der Tradition Schopenhauers und Nietzsches: „Wenig aber bekümmerte mich die sogenannte Weltgeschichte, dieser Totentanz der Machtwechselzufälle, dieser Ozean von Blut, Galle, Schweiß und Tränen und am wenigsten die unergründliche Dummheit der deutschen Zeitereignisse, von welchen ich so viele lehrreiche Proben miterlebt und vor Augen gehabt habe: Einen

---

[71] Der im Folgenden stattfindende Vergleich mit Nietzsches Historienschrift geschieht unter Verwendung des Textes der Erstausgabe von *Geschichte als Sinngebung des Sinnlosen* aus dem Jahre 1919. Innerhalb der vier Ausgaben des Buches stellt die vierte insofern eine gravierende Veränderung dar, indem sich Lessing hier hauptsächlich mit der Erkenntniskritik der Geschichte befasst. Die früheren Ausgaben sind jeweils in die drei Bücher „Erkenntniskritik der Geschichte", „Psychologie der Geschichte" und „Geschichte als Ideal" unterteilt.

[72] Lessing, Theodor: Geschichte als Sinngebung des Sinnlosen oder die Geburt der Geschichte aus dem Mythos, Leipzig ^{4}1927, S.3f.

[73] Lessing, Theodor: Einmal und nie wieder, S.404.

[74] Marwedel, Rainer: „Ich warf eine Flaschenpost ins Eismeer der Geschichte"; in: Lessing, Theodor: Ich warf eine Flaschenpost ins Eismeer der Geschichte. Essays und Feuilletons, hrsg. und eingeleitet von Rainer Marwedel, Hannover 1986, S.27.

Bildersaal voll von Betrügern und Betrogenen, geltenden Strohpuppen, brüllenden Bullen, hohlen Nichtswissern. Überspannte unmenschliche Geister, die an mir, wie einst an den meinem Wege voranschreitenden Meistern, Arthur Schopenhauer und Friedrich Nietzsche, keine Vaterlandsschwärmer erzogen haben; haben wir uns doch zu oft schämen müssen, Deutsche zu sein."[75]

Rita Bischof unterstreicht die Tatsache einer Traditionslinie von Nietzsche zu Lessing: „Innerhalb der skeptischen Tradition der deutschen Geschichtsphilosophie behauptet Theodor Lessing seine Position zwischen Friedrich Nietzsche und Walter Benjamin. Es scheint, als könne die Wahrheit über die Geschichte nur im Augenblick äußerster Bedrohung, im Augenblick der Katastrophe, blitzartig hervortreten. Geschichte kennt keine andere Kontinuität, als es die ist, die durch eine ununterbrochene Kette von Katastrophen gestiftet ist."[76]

Auch Elisabeth Lenk sieht in Lessings Geschichtszweifel eine Fortsetzung von Nietzsches Denken: „Ein Grundmotiv des Lessingschen Denkens, das, wie ich meine, erst heute seine ganze Aktualität enthüllt, ist sein Geschichtszweifel. Gewiß, schon Nietzsche hatte solchen Zweifel angemeldet und seitdem alle, die an der traditionellen Geschichtsschreibung aus der Perspektive der Sieger irre geworden sind. Man hat Lessing wie Nietzsche Zerstörung der Geschichte vorgeworfen. Aber sind wirklich diejenigen, die die Geschichte als Prozeß der Zerstörung entlarven, ihre Zerstörer?"[77]

---

[75] Lessing, Theodor: Einmal und nie wieder, S.11.
[76] Bischof, Rita: Entzauberte Geschichte; in: Lessing, Theodor: Geschichte als Sinngebung des Sinnlosen, München 1983, S.266.
[77] Lenk, Elisabeth: Fortschritt ist wachsender Tod. Der Unheilsprophet Theodor Lessing; in: Lessing, Theodor: Die verfluchte Kultur. Gedanken über den Gegensatz von Leben und Geist. Mit einem Essay von Elisabeth Lenk, München 1995, S.81.

VI. Das Verhältnis von „Leben" und Geschichte in Nietzsches Historienschrift

1.) „Leben" als Fundamentalprinzip

Vor der Behandlung der Frage, in welchem Verhältnis die Begriffe „Leben" und „Geschichte" in Nietzsches *Zweite[r] Unzeitgemässe[r] Betrachtung* zueinander stehen, sollte zunächst erörtert werden, was Nietzsche hier unter „Leben" versteht und welchen Stellenwert er diesem Terminus beimisst.

Sucht man im Text nach einer annähernd genauen Definition dieses Begriffes, so wird man auch nach gründlicher Suche nicht fündig. Es klingt recht nebulös, wenn Nietzsche das „Leben" als „[...] dunkle, treibende, unersättlich sich selbst begehrende Macht"[78] bezeichnet. Doch gerade in dieser Charakterisierung des „Lebens" als „dunkel" liegt Nietzsches Auffassung begründet, nach welcher die Unmöglichkeit einer rationalen, d.h. begrifflichen Erfassung des „Lebens" im Wesen desselben liegt. Wenn er auch nicht genau zu definieren vermag, was „Leben" *ist*, so kann er zumindest andeuten, was es *nicht ist*: „Leben" steht für Nietzsche wesensmäßig dem Rationalen und Vernünftigen, mit den Mitteln des Verstandes zu Erkennenden entgegen. Meyer formuliert in diesem Zusammenhang: „Nietzsche hat keine exakte Definition des ‚Lebens' vorgelegt, offenbar nicht zuletzt deshalb, weil sich das ‚Leben' auf Grund seiner wesensmäßigen Unfaßbarkeit und Unendlichkeit nicht auf den rationalen Begriff bringen läßt."[79] Ähnlich argumentiert Germer: „>Leben< als das Ganze ist nicht zu definieren und insofern nur bedingt als Begriff zu kennzeichnen. Es ist Name, Synonym für das letztlich Unfaßbare, für den übergreifenden Prozeß, der alles Geschehen in sich vereinigt."[80]

Aus seiner Erkenntnis, dass sich „Leben", wenn man diesen Ausdruck singulär betrachtet, in seiner Bedeutung kaum erfassen lässt, zieht Nietzsche die Konsequenz, sich der Bedeutung und dem Wert von „Leben"

---

[78] Nietzsche, Friedrich: Sämtliche Werke, KSA, Bd.1, S.269.
[79] Meyer, Theo: Nietzsche. Kunstauffassung und Lebensbegriff, Tübingen 1991, S.115.
[80] Germer, Andrea: Wissenschaft und Leben. Max Webers Antwort auf eine Frage Friedrich Nietzsches, Göttingen 1994, S.31.

auf dem Wege einer Gegenüberstellung mit dem „ganz Anderen", mit eben jener rationalen Seite, zu nähern: „Soll nun das Leben über das Erkennen, über die Wissenschaft, soll das Erkennen über das Leben herrschen? Welche von beiden Gewalten ist die höhere und entscheidende? Niemand wird zweifeln: das Leben ist die höhere, die herrschende Gewalt, denn ein Erkennen, welches das Leben vernichtete, würde sich selbst mit vernichtet haben. Das Erkennen setzt das Leben voraus, hat also an der Erhaltung des Lebens dasselbe Interesse, welches jedes Wesen an seiner eignen Fortexistenz hat."[81]

Für Nietzsche ist klar: „Leben" ist das Fundament, auf dem das Erkennen und somit auch die zu seiner Zeit vielfach vergötterte Wissenschaft steht. „Leben" ist das fundamentale Prinzip, dasjenige, hinter welches nicht mehr zurückgegangen werden kann und somit naturgemäß die Voraussetzung des Erkennens.

Nach der Auffassung Gerhardts zielt Nietzsche auf eine Umwertung der beiden Prinzipien und wendet sich „[…] gegen die Überschätzung der Leistungen des Bewußtseins. Aus dem ‚cogito, ergo sum', will er ein ‚vivo, ergo cogito' machen. Damit sollen die Relationen richtiggestellt werden, ohne aber auch nur eines der Elemente zu beseitigen. Nicht das Erkennen begründet das Sein, sondern das Leben bringt das Erkennen hervor."[82]

In *Über Wahrheit und Lüge im aussermoralischen Sinne*, dem wohl bedeutendsten Text der nachgelassenen Schriften Nietzsches aus den Jahren 1867 bis 1873, in welchen sich „[…] immer wiederkehrende Projekte und Gedanken, die für die zweite Unzeitgemässe relevant sind […]."[83] finden lassen, schildert Nietzsche anhand eines eindringlichen Bildes, für wie schwach und endlich er das Erkennen, den menschlichen Intellekt hält. Implizit wird deutlich, obwohl der Begriff „Leben" nicht fällt, was für Nietzsche die notwendige Voraussetzung jeglichen Erkennens darstellt. Verlässt das Leben ein mit der Möglichkeit des Erkennens ausgestattetes Wesen, so ist notwendigerweise auch das Erkennen eliminiert: „In irgend einem abgelegenen Winkel des in zahllosen Son-

---

[81] Nietzsche, Friedrich: Sämtliche Werke, KSA, Bd.1, S.330f.
[82] Gerhardt, Volker: Nietzsche, S.99.
[83] Meyer, Katrin: Friedrich Nietzsches „Vom Nutzen und Nachteil der Historie für das Leben", Würzburg 1998, S.3.

nensystemen flimmernd ausgegossenen Weltalls gab es einmal ein Gestirn, auf dem kluge Thiere das Erkennen erfanden. Es war die hochmüthigste und verlogenste Minute der ‚Weltgeschichte': aber doch nur eine Minute. Nach wenigen Athemzügen der Natur erstarrte das Gestirn, und die klugen Thiere mussten sterben. – So könnte jemand eine Fabel erfinden und würde doch nicht genügend illustrirt haben, wie kläglich, wie schattenhaft und flüchtig, wie zwecklos und beliebig sich der menschliche Intellekt innerhalb der Natur ausnimmt; es gab Ewigkeiten, in denen er nicht war; wenn es wieder mit im vorbei ist, wird sich nichts begeben haben. Denn es giebt für jenen Intellekt keine weitere Mission, die über das Menschenleben hinausführte."[84]

Nietzsche vollzieht den Versuch einer sprachlichen Annäherung an den „Urgrund allen Seins" mit Ausdrücken, die an den Begriff des Willens in Schopenhauers *Die Welt als Wille und Vorstellung* erinnern. Er konstatiert, „[...] dass auf dem Erbarmungslosen, dem Gierigen, dem Unersättlichen, dem Mörderischen der Mensch ruht, in der Gleichgültigkeit seines Nichtwissens, und gleichsam auf dem Rücken eines Tigers in Träumen hängend."[85]

2.) „Leben" und Geschichte – ein Antagonismus?

Der kritische Blick auf das Verhältnis seiner Zeitgenossen zu Geschichte bzw. Geschichtswissenschaft stellt für Nietzsche – dies wurde oben bereits näher ausgeführt – einen wichtigen Anstoß zur Abfassung seiner *Zweite[n] Unzeitgemässe[n] Betrachtung* dar. Im Vorwort des Textes schreibt er: „Unzeitgemäss ist auch diese Betrachtung, weil ich etwas, worauf die Zeit mit Recht Stolz ist, ihre historische Bildung, hier einmal als Schaden, Gebreste und Mangel der Zeit zu verstehen versuche, weil ich sogar glaube, dass wir alle an einem verzehrenden historischen Fieber leiden und mindestens erkennen sollten, dass wir daran leiden."[86]

Aus dieser Erkenntnis folgt für Nietzsche allerdings nicht die Notwendigkeit, sich von jeglicher Beschäftigung mit Geschichte loszusagen. Es geht ihm vielmehr um die Feststellung dessen, zu welchem Zwecke und

---

[84] Nietzsche, Friedrich: Sämtliche Werke, KSA, Bd.1, S.875.
[85] Ebd., S.877.
[86] Ebd., S.246.

in welchem Maße man Geschichte treiben sollte: „Gewiss, wir brauchen die Historie, aber wir brauchen sie anders, als sie der verwöhnte Müssiggänger im Garten des Wissens braucht, mag derselbe auch vornehm auf unsre derben und anmuthlosen Bedürfnisse und Nöthe herabsehen. Das heisst, wir brauchen sie zum Leben und zur That, nicht zur bequemen Abkehr vom Leben und von der That oder gar zur Beschönigung des selbstsüchtigen Lebens und der feigen und schlechten That. Nur soweit die Historie dem Leben dient, wollen wir ihr dienen: aber es giebt einen Grad, Historie zu treiben und eine Schätzung derselben, bei der das Leben verkümmert und entartet [...]."[87]

Um diese Sätze richtig verstehen zu können, muss an dieser Stelle auf Nietzsches Überzeugung hingewiesen werden, nach welcher das als alogisch gedachte Element „Leben" als jenseits von Raum- und Zeitvorstellungen existierend, somit auch als vollkommen geschichtslos gedacht werden muss und daher dem Wesen von Historie fundamental entgegensteht. Diese zeichnet sich vor allem durch ihre Bezugnahme auf Vergangenes, (in einer bestimmten Form) nicht mehr Existierendes aus. Sie betrachtet und konstatiert Entwicklungen und Prozesse im Laufe der Zeit. „Leben an sich" hingegen bedeutet Unmittelbarkeit und Gegenwärtigkeit. Es ist für Nietzsche vollkommen geschichtslos.

Im Zusammenhang mit Nietzsches Schilderung des „überhistorischen Menschen", desjenigen, der eine gewisse Einsicht in die innerste Struktur des „Lebens" hat und aufgrund dessen Geschichte nur noch in geringem Maße ernst zu nehmen vermag, kommt dieser Antagonismus von „Leben" und Geschichte deutlich zum Ausdruck: „[...] aber, allen historischen Betrachtungsarten des Vergangenen entgegen, kommen sie [die überhistorischen Menschen] zur vollen Einmüthigkeit des Satzes: das Vergangene und das Gegenwärtige ist Eines und dasselbe, nämlich in aller Mannichfaltigkeit typisch gleich und als Allgegenwart unvergänglicher Typen ein stillstehendes Gebilde von unverändertem Werthe und ewig gleicher Bedeutung."[88]

Dass Nietzsche das Wesen des „Lebens" für zuinnerst nicht-historisch hält, belegt auch die folgende Äußerung: „Das Unhistorische ist einer

---

[87] Ebd., S.245.
[88] Ebd., S.256.

umhüllenden Atmosphäre ähnlich, in der sich Leben allein erzeugt, um mit der Vernichtung dieser Atmosphäre wieder zu verschwinden."[89]

Im Kontext des von Nietzsche ausgedrückten Widerstreites von „Leben" und Geschichte sowie seiner Forderung, die Historie müsse dem „Leben" dienen, ist verschiedentlich die Unklarheit und Uneindeutigkeit in der Verwendung des Lebens-Begriffes beklagt worden. So heißt es beispielsweise in einer neueren Arbeit zur Historienschrift: „Was heißt ‚im Dienst des Lebens'? Welches ist diese höchste ‚Macht', der sich alles unterordnen soll? In diesem Zusammenhang wird wie so oft bei Nietzsche klar, daß ‚das Leben' unbestimmt und undefinierbar bleibt."[90]

Der Grund dafür, dass sich „Leben" im Sinne Nietzsches naturgemäß nicht definieren bzw. begrifflich erfassen lässt, wurde oben bereits angesprochen. Völlig unbestimmt bleibt der Begriff jedoch nicht, da Nietzsche, wenn er beispielsweise feststellt „[...] wir brauchen sie [die Historie] zum Leben und zur That [...]."[91], das Leben in der spezifischen Form des menschlichen Daseins im Auge hat. Es handelt sich dann um den „anthropologisch eingegrenzten Begriff des Lebens"[92], dem das oben als Fundamentalprinzip gekennzeichnete „Leben" übergeordnet ist. Diese Auffassung teilt auch Gerhardt: „Nun machen schon die ersten Absätze der Historienschrift klar, daß Nietzsche vom Leben in einem sehr spezifischen Sinne spricht. Wenn er gelegentlich über diese engere Bedeutung hinausgreift, liegt darin keine biologistische Reduktion, sondern die begrifflich unumgängliche Zuordnung des Besonderen zum Allgemeinen.

Die Besonderheit, um die es hier geht, ist der Mensch."[93]

---

[89] Ebd., S.252.
[90] Le Rider, Jacques: Erinnern, Vergessen und Vergangenheitsbewältigung. Zur Aktualität der *Zweiten Unzeitgemäßen Betrachtung*; in: Zeitenwende – Wertewende, Internationaler Kongreß der Nietzsche-Gesellschaft zum 100. Todestag Friedrich Nietzsches vom 24.-27. August 2000 in Naumburg, hrsg. von Renate Reschke im Auftrag der Nietzsche-Gesellschaft, Berlin 2001, S.106f.
[91] Ebd., S.245.
[92] Gerhardt, Volker: Leben und Geschichte. Menschliches Handeln und historischer Sinn in Nietzsches 2. „Unzeitgemäßer Betrachtung"; in: Wahrheit und Begründung, hrsg. von Volker Gerhardt u. Norbert Hold, Würzburg 1984, S.152.
[93] Ebd., S.151.

Dass es um das *menschliche* Leben geht, macht vor allem die Tatsache deutlich, dass Nietzsche dem Begriff „Leben" immer wieder den Begriff „Tat" an die Seite stellt. Man gewinnt sogar den Eindruck, als gebrauche Nietzsche die beiden Termini synonym.

Nach der Auffassung Nietzsches kann kaum bestritten werden, dass sich menschliches Leben vor allem im Tätig-sein, im Handeln und Fortschreiten offenbart. Wenn Geschichte die Tätigkeit des Menschen (sein Leben) fördert, ist sie nützlich und gesund, wirkt sie auf diese jedoch hemmend, so ist ihr in den Augen Nietzsches der Status einer „Krankheit" beizumessen.

Die in Bezug auf „Leben" von Nietzsche als notwendig erachtete „umhüllende Atmosphäre des Unhistorischen" ist hinsichtlich des menschlichen Daseins, welches ihm wesentlich Handeln bedeutet, das *Vergessen*: „Zu allem Handeln gehört Vergessen: wie zum Leben alles Organischen nicht nur Licht, sondern auch Dunkel gehört. Ein Mensch, der durch und durch nur historisch empfinden wollte, wäre dem ähnlich, der sich des Schlafens zu enthalten gezwungen würde, oder dem Thiere, das nur vom Wiederkäuen und immer wiederholten Wiederkäuen leben sollte. Also: es ist möglich, fast ohne Erinnerung zu leben, wie das Thier zeigt; es ist aber ganz und gar unmöglich, ohne Vergessen überhaupt zu leben. Oder, um mich noch einfacher über mein Thema zu erklären: *es giebt einen Grad von Schlaflosigkeit, von Wiederkäuen, von historischem Sinne, bei dem das Lebendige zu Schaden kommt, und zuletzt zu Grunde geht, sei es nun ein Mensch oder ein Volk oder eine Cultur.*"[94]

Doch nicht nur das menschliche *Handeln* benötigt das Vergessen. Nietzsche macht darauf aufmerksam, dass das Erleben von Glück, welches einem Menschen sein Leben als lebenswert und sinnvoll erscheinen lässt, ebenfalls an die Kraft, Vergangenes ausblenden zu können, gekoppelt ist: „Bei dem kleinsten aber und bei dem grössten Glücke ist es immer Eines, wodurch Glück zum Glücke wird: das Vergessen-können oder, gelehrter ausgedrückt, das Vermögen, während seiner Dauer unhistorisch zu empfinden. Wer sich nicht auf der Schwelle des Augenblicks, alle Vergangenheiten vergessend, niederlassen kann, wer nicht auf einem Punkte wie eine Siegesgöttin ohne Schwindel und Furcht zu

---

[94] Nietzsche, Friedrich: Sämtliche Werke, KSA, Bd.1, S.250.

stehen vermag, der wird nie wissen, was Glück ist und noch schlimmer: er wird nie etwas thun, was Andere glücklich macht."[95]

Nun räumt Nietzsche allerdings auch ein, dass „Leben" in der spezifischen Form des menschlichen Daseins, obwohl es auf einem geschichtslosen Prinzip ruht, stets mit einem gewissen Maße an Historizität verbunden ist. Für menschliches Dasein ist charakteristisch, so stellt Nietzsche fest, dass es a priori geschichtlich verfasst ist. Zudem erkennt er, dass auch das Handeln, durch welches sich menschliches Leben wesentlich auszeichnet, eines mehr oder weniger ausgeprägten Bezuges zur Vergangenheit bedarf. Im Unterschied zum Tier ist es dem Menschen, so Nietzsches Auffassung, nur in seltenen Fällen möglich, völlig in der Gegenwart aufzugehen. Menschliches Dasein stellt sich ihm als ein „[…] nie zu vollendendes Imperfectum"[96], als ein „[…] ununterbrochenes Gewesensein […]."[97] dar.

In seine Beschreibung der geschichtlichen Verfasstheit des Menschen integriert Nietzsche seine Erkenntnis, wonach sich ein Zuviel an Historie wiederum gegen die menschliche Lebensgrundlage kehrt: „Es ist wahr: erst dadurch, dass der Mensch denkend, überdenkend, vergleichend, trennend, zusammenschließend jenes unhistorische Element einschränkt, erst dadurch, dass innerhalb jener umschließenden Dunstwolke ein heller, blitzender Lichtschein entsteht, also erst durch die Kraft, das Vergangene zum Leben zu gebrauchen und aus dem Geschehenen wieder Geschichte zu machen, wird der Mensch zum Menschen: aber in einem Uebermaasse von Historie hört der Mensch wieder auf, und ohne jene Hülle des Unhistorischen würde er nie angefangen haben und anzufangen wagen."[98]

Es geht folglich darum, so Nietzsches Conclusio, Historisches und Unhistorisches in ein „gesundes" Verhältnis zu setzen und dadurch den Antagonismus von „Leben" und Geschichte zu vermeiden, indem man diese dem „Leben" dienstbar macht. Es geht ihm darum, „[…] dass man mit kräftigem Instincte herausfühlt, wann es nöthig ist, historisch, wann unhistorisch zu empfinden. Dies ist gerade der Satz, zu dessen Betrach-

---

[95] Ebd., S.250.
[96] Ebd., S.249.
[97] Ebd., S.249.
[98] Ebd., S.252f.

tung der Leser eingeladen ist: *das Unhistorische und das Historische ist gleichermaassen für die Gesundheit eines Einzelnen, eines Volkes und einer Cultur nöthig.*"⁹⁹

Der Indikator für das Maß dessen, wie viel Historie ein Einzelner, ein Volk und eine Kultur jeweils vertragen, ist die vorhandene Lebenskraft, Nietzsche nennt sie auch „plastische Kraft", welche freilich inkommensurabel ist. Gemeint ist jenes Vermögen, „[...] aus sich heraus eigenartig zu wachsen, Vergangenes und Fremdes umzubilden und einzuverleiben, Wunden auszuheilen, Verlorenes zu ersetzen, zerbrochene Formen aus sich nachzuformen."¹⁰⁰ Es handelt sich um eine Kraft, die Erinnern und Vergessen miteinander in Einklang zu bringen und somit eine innere Harmonie herzustellen vermag. Dadurch schafft sie die Möglichkeit des Handelns.

Günter Figal hat darauf hingewiesen, dass Nietzsche diesen Terminus „[...] wohl von Jacob Buckhardt, aus dessen Buch *Die Kunst der Renaissance in Italien*, übernommen hat [...] Damit ist bei Burckhardt die Fähigkeit gemeint, >jede Störung der inneren Harmonie< wiederherzustellen und so mit sich selbst eins zu sein [...]."¹⁰¹

Nietzsche führt seinen massiven Angriff also nicht – dies sei an dieser Stelle noch einmal betont – gegen die Historie per se, der er mit Blick auf die grundsätzlichen Konditionen menschlichen Daseins durchaus ihre natürliche Berechtigung zuspricht. Seine Kritik gilt derjenigen Form von Historie, die sich mit dem Anspruch auf Objektivität und Feststellung der Wahrheit als „reine" Wissenschaft versteht und aus seiner Sicht die Tatsache aus dem Auge verliert, dass auch für sie das „Leben" Grundlage ihres Daseins ist. Weil sie sich ihres Fundamentes nicht bewusst ist, vermag sie zerstörend auf dasselbe einzuwirken.

Im wissenschaftlichen Anspruch auf Objektivität und Wahrheit liegt für Nietzsche deshalb ein zerstörerisches Potential, da es im Hinblick auf das „Leben" Wahrheiten von hemmendem oder gar destruktivem Charakter geben kann. Gemäß seiner Auffassung von „Leben" als funda-

---

[99] Ebd., S.252.
[100] Ebd., S.251.
[101] Figal, Günther: Nietzsche. Eine philosophische Einführung, Stuttgart 1999, S.52.

mentalem Prinzip wird Wahrheit daran gemessen, ob sie diesem entspricht, also ob sie ihm förderlich ist oder sich gegen es richtet. Dadurch gewinnen Lüge, Schein, Täuschung, Illusion usw. einen neuen Status. Meyer formuliert in diesem Kontext: „Wahrheit ist für Nietzsche nicht mehr eine objektive Kategorie der allgemeinverbindlichen Vernunft, sondern eine subjektive Kategorie des erlebten Lebens. Der Maßstab, an dem alle Dinge gemessen werden, ist nicht die ‚Wahrheit', sondern das ‚Leben'. ‚Wahr' ist, was der Lebensmöglichkeit und der Lebenssteigerung dient, und insofern die Scheinbarkeiten das Leben fördern, sind sie für das Lebewesen Mensch die eigentliche ‚Wahrheit'. Im Zeichen des ‚Lebens' vollzieht sich eine radikale Umkehrung des traditionellen Verhältnisses von Wahrheit und Schein. Nun gebührt dem Schein der Vorrang vor der Wahrheit [...]."[102]

Den illusions- und somit lebenvernichtenden Charakter einer Historie, die mit dem Anspruch auftritt, eine strenge Wissenschaft zu sein, beschreibt Nietzsche zu Anfang des siebten Kapitels der Historienschrift wie folgt: „Der historische Sinn, wenn er *ungebändigt* waltet und alle seine Consequenzen zieht, entwurzelt die Zukunft, weil er die Illusionen zerstört und den bestehenden Dingen ihre Atmosphäre nimmt, in der sie allein leben können."[103] Weiter unten heißt es: „Historie aber, die nur zerstört, ohne dass ein innerer Bautrieb sie führt, macht auf die Dauer ihre Werkzeuge blasirt und unnatürlich: denn solche Menschen zerstören Illusionen, und ‚wer die Illusion in sich und Anderen zerstört, den straft die Natur als der strengste Tyrann'."[104]

Dem Leben von Nachteil ist nach Nietzsche also vor allem die (zu seiner Zeit hochverehrte) Historie wissenschaftlicher Prägung. Diese lehnt er ab, und zwar zugunsten einer solchen, die sich in den Dienst des Lebens stellt: „Die Historie, sofern sie im Dienste des Lebens steht, steht im Dienste einer unhistorischen Macht und wird deshalb nie, in dieser Unterordnung, reine Wissenschaft, etwa wie die Mathematik es ist, werden können und sollen."[105]

---

[102] Meyer, Theo: Nietzsche. Kunstauffassung und Lebensbegriff, S.119.
[103] Nietzsche, Friedrich: Sämtliche Werke, KSA, Bd.1, S.295.
[104] Ebd., S.296.
[105] Ebd., S.257.

3.) Über monumentalische, antiquarische und kritische Historie

In seiner *Zweiten Unzeitgemässen Betrachtung* stellt Nietzsche dem Leser drei „lebensdienliche" Zugangsweisen zur Geschichte vor: „In dreierlei Hinsicht gehört die Historie dem Lebendigen: sie gehört ihm als dem Thätigen und Strebenden, ihm als dem Bewahrenden und Verehrenden, ihm als dem Leidenden und der Befreiung Bedürftigen. Dieser Dreiheit von Beziehungen entspricht eine Dreiheit von Arten der Historie: sofern es erlaubt ist eine *monumentalische*, eine *antiquarische* und eine *kritische* Art der Historie zu unterscheiden."[106]

Die bedeutende Persönlichkeit, der Mächtige, der Mensch großer Taten instrumentalisiert die Vergangenheit für seine Zwecke in Form der *monumentalischen* Historie. Die großen Individuen früherer Zeiten, die er in seiner Gegenwart vergeblich sucht, dienen ihm als Vorbilder, als Lehrer und Tröster. Sie bestärken ihn darin, auf seinem Weg unbeirrt voranzuschreiten. In der Geschichte erkennt ein solcher Mensch vor allem eine Kontinuität der Stärke, der starken Menschen, in welche er sich selber einreiht. Diese Einsicht gibt ihm Rückhalt: „Wodurch also nützt dem Gegenwärtigen die monumentalische Betrachtung der Vergangenheit, die Beschäftigung mit dem Classischen und Seltenen früherer Zeiten? Er entnimmt daraus, dass das Grosse, das einmal da war, jedenfalls einmal *möglich* war und deshalb auch wohl wieder einmal möglich sein wird; er geht muthiger seinen Gang, denn jetzt ist der Zweifel, der ihn in schwächeren Stunden anfällt, ob er nicht vielleicht das Unmögliche wolle, aus dem Felde geschlagen."[107]

Es ist für Nietzsche nahezu eine Gesetzmäßigkeit, „[...] dass die Vergangenheit selbst leidet, so lange die Historie dem Leben dient und von Lebenstrieben beherrscht wird."[108] So führt beispielsweise die Konzentration auf das Monumentale in der Geschichte zu Verfälschungen, da man bei der Konstruktion einer Kontinuität der großen Individuen nicht selten dazu neigt, das genaue Zustandekommen, die wahren Ursachen einer historischen Situation zu übersehen. Vollbrachte ein bestimmter Mensch vielleicht nur deshalb eine vermeintlich große Tat, weil andere

---

[106] Ebd., S.258.
[107] Ebd., S.260.
[108] Ebd., S.267.

die Möglichkeit dazu schufen? Galt in dieser Zeit eine derartige Tat vielleicht als Schwäche? Monumentale Historie, als eine „[...] Sammlung der ‚Effecte an sich' [...]."[109], opfert die genaue Rekonstruktion des Vergangenen einer erwünschten Wirkung auf die Gegenwart. Sie idealisiert, verklärt und vollzieht Umdeutungen zugunsten ihrer Rezipienten. In nicht geringem Maße erkennt Nietzsche auch in ihr ein zerstörerisches Potential: „Die monumentale Historie täuscht durch Analogie: sie reizt mit verführerischen Aehnlichkeiten den Muthigen zur Verwegenheit, den Begeisterten zum Fanatismus, und denkt man sich gar diese Historie in den Händen und Köpfen der begabten Egoisten und der schwärmerischen Bösewichter, so werden Reiche zerstört, Fürsten ermordet, Kriege und Revolutionen angestiftet und die Zahl der geschichtlichen „Effecte an sich", das heisst der Wirkungen ohne zureichende Ursachen, von Neuem vermehrt."[110]

Zudem erblickt Nietzsche die Gefahr einer Umkehrung des eigentlichen, lebensdienlichen Zweckes der monumentalischen Historie. Eine solche Umkehrung würde sich in der Weise darstellen, dass der Blick auf eine allzu monumental wirkende Vergangenheit die Gegenwart als gering und unbedeutend erscheinen lässt und dies eine Ablehnung derselben zur Folge haben könnte. Den lebensfeindlichen Imperativ, unter dem das Handeln eines derartig seine Gegenwart negierenden Menschen stehen könnte, formuliert Nietzsche in Abwandlung einer Äußerung, die den biblischen Evangelien zufolge von Jesus Christus stammt: „[...] lasst die Todten die Lebendigen begraben."[111]

Die antiquarische Historie gehört nach Nietzsche dem „[...] Bewahrenden und Verehrenden, dem, der mit Treue und Liebe dorthin zurückblickt, woher er kommt, worin er geworden ist; durch diese Pietät trägt er gleichsam den Dank für sein Dasein ab. Indem er das von Alters her Bestehende mit behutsamer Hand pflegt, will er die Bedingungen, unter denen er entstanden ist, für solche bewahren, welche nach ihm entstehen sollen – und so dient er dem Leben."[112]

---

[109] Ebd., S.261.
[110] Ebd., S.262f.
[111] Ebd., S.264.
[112] Ebd., S.265.

Ein solcher Mensch sieht sich zwar nicht unbedingt in einer Kontinuität der Stärke und Größe, gewinnt aber gleichwohl eine Art Rückhalt durch eine Besinnung auf die Kontinuität einer bestimmten Geschlechterabfolge, an deren vorläufigem Ende er sich selbst vorfindet. Er bezieht seine Kraft aus einem Heimatgefühl und stärkt seine Identität an der Erkenntnis, „[...] aus einer Vergangenheit als Erbe, Blüthe und Frucht herauszuwachsen und dadurch in seiner Existenz entschuldigt, ja gerechtfertigt zu werden – dies ist es, was man jetzt mit Vorliebe als den eigentlich historischen Sinn bezeichnet."[113]

In Nietzsches Äußerung, dass man dies jetzt mit Vorliebe als den eigentlich historischen Sinn bezeichne, klingt bereits an, dass er auch die *antiquarische* Historie in einem sehr kritischen Licht sieht. Man gewinnt den Eindruck, dass er in Gestalt der für ihn negativen Ausprägung der antiquarischen Historie die zeitgenössische „[...] zur Stoffhuberei ausgewucherte Tatsachenforschung und -aufreihung, die alles und jedes Vergangene Thematisieren kann, ohne nach Sinn und Beziehung zur Gegenwart zu fragen [...]."[114] anspricht. Die Kehrseite der antiquarischen Historie, so Nietzsche, zeichne sich durch eine Beschränktheit des Blickes und eine Fixierung auf Details aus. Zudem, und dies ist der Kern seiner Kritik, sieht Nietzsche „[...] immer eine Gefahr sehr in der Nähe: endlich wird einmal alles Alte und Vergangene, das überhaupt noch in den Gesichtskreis tritt, einfach als gleich ehrwürdig hingenommen, alles was aber diesem Alten nicht mit Ehrfurcht entgegen kommt, also das Neue und Werdende, abgelehnt und angefeindet."[115]

Als der Gegenwart und somit dem Leben feindlich fasst Nietzsche ein Denken auf, welches alles Vergangene als historisch, und das Historische per se als wertvoll betrachtet. Wie bei der monumentalischen Historie sieht Nietzsche auch hier die Gefahr, das man das Vergangene gegen das Gegenwärtige, das Tote gegen das Lebendige ausspielt. Gefährlicher ist für ihn dennoch die antiquarische Historie: „Sie versteht eben allein Leben zu bewahren, nicht zu zeugen; deshalb unterschätzt sie immer das Werdende, weil sie für dasselbe keinen errathenden Instinct hat – wie ihn

---

[113] Ebd., S.266f.
[114] Scholtz, G.: Historismus, Historizismus; in: Historisches Wörterbuch der Philosophie, Sp.1142.
[115] Nietzsche, Friedrich: Sämtliche Werke, KSA, Bd.1, S.267.

zum Beispiel die monumentalische Historie hat. So hindert jene den kräftigen Entschluss zum Neuen, so lähmt sie den Handelnden, der immer, als Handelnder etwelche Pietäten verletzen wird und muss."[116] Für Nietzsche wird nunmehr deutlich, „[...] wie nothwendig der Mensch, neben der monumentalischen und antiquarischen Art, die Vergangenheit zu betrachten, oft genug eine dritte Art nöthig hat, die kritische: und zwar auch diese wiederum im Dienste des Lebens."[117]

Es ist besagte kritische Historie, die der von Nietzsche als essentiell für das menschliche Dasein bezeichneten „Kraft zu vergessen" Rechnung trägt. Der Mensch muss, so Nietzsche, „[...] die Kraft haben und von Zeit zu Zeit anwenden, eine Vergangenheit zu zerbrechen und aufzulösen, um leben zu können: dies erreicht er dadurch, dass er sie vor Gericht zieht, peinlich inquirirt und endlich verurtheilt; jede Vergangenheit aber ist werth verurtheilt zu werden – denn so steht es nun einmal mit den menschlichen Dingen: immer ist in ihnen menschliche Gewalt und Schwäche mächtig gewesen."[118]

Aus Nietzsches Auffassung, dass ein Mensch durchaus ohne Erinnerung und Historie, jedoch keinesfalls ohne Vergessen lebensfähig ist, folgt eine Sonderstellung der kritischen Historie, wie sie beispielsweise Gerhardt beschreibt: „Nach Nietzsches Darstellung gehört das Ausscheiden, Abtrennen und Verwerfen dem sich kräftig entfaltenden Leben so unmittelbar zu, daß man zweifeln darf, ob die anderen beiden Typen, die monumentalische und die antiquarische Historie, ohne die kritische überhaupt denkbar sind."[119]

Macht man sich zudem bewusst, mit welchen Gefahren für Nietzsche selbst eine „Historie im Dienste des Lebens", eine monumentalische oder antiquarische Historie verbunden ist, so ist Colli zuzustimmen, wenn er schreibt: „Es ist klar, worauf Nietzsche den Akzent setzt: Der ‚Nachtheil' der Geschichte ist bei weitem entscheidender, wesentlicher als ihr ‚Nutzen'."[120]

---

[116] Ebd., S.268.
[117] Ebd., S.269.
[118] Ebd., S.269.
[119] Gerhardt, Volker: Nietzsche, S.107.
[120] Colli, Giorgio: Die ersten drei Unzeitgemäßen Betrachtungen, S.906.

VII. Das Verhältnis von „Leben" und Geschichte in Lessings *Geschichte als Sinngebung des Sinnlosen*

1.) Lessings Lebensbegriff

Es ist durchaus nicht untypisch für Denker, die man heute der Lebensphilosophie zurechnet, dass sich diese häufig dagegen verwahrten, mit dem Etikett „Lebensphilosoph" versehen zu werden. Dies gilt auch für Theodor Lessing, der sowohl die Verwendung des Lebensbegriffs durch Nietzsche als auch bei den von Nietzsche beeinflussten Philosophen des frühen 20. Jahrhunderts scharf kritisiert. In seinem Buch *Nietzsche* heißt es dazu: „ ‚Leben'... so nannte er [Nietzsche] den Oberwert, den Schwellenwert. ‚Alles, was das Leben fördert, das soll künftig gut heißen, alles was das Leben schädigt, das soll künftig schlecht heißen.' Eine der furchtbarsten Wirrungen und Irrungen der Mode, nachzitternd bis in die fernsten Tage, brach aus dieser Götzenanbetung des ‚Lebens'. Das Unbewußte, das Irrationale, élan vital, évolution créatrice, das wurden seither neue Gottesgleichnisse. Man orakelte von Lebensreligion, Lebensethik, Lebensmetaphysik; von einer ‚Heiligkeit' des Lebens. - - Ja! Welches Leben ist denn gemeint? Das der Bakterien, Ungeziefer, Würmer, Schlangen? Wer Leben (das heißt die Tatsache des Starkseins, des Erfolghabens, Machtgewinnens und Überlebenbleibens) zum Maßstab eines Werthaltens macht, der begibt sich der Möglichkeit des Wertens überhaupt."[121]

In seiner kulturkritischen Schrift *Europa und Asien. Untergang der Erde am Geist* bezeichnet Lessing die Lebensphilosophie gar als „Spiel mit einem Worte".[122]

Trotz derartiger Attacken kann Lessing relativ eindeutig der Lebensphilosophie zugerechnet werden und dies vor allem deshalb, weil der Lebensbegriff für sein ganzes Philosophieren eine maßgebliche Rolle spielt. Nach der Auffassung Alberts „[...] ist es nicht schwer zu erkennen, daß das Lessingsche Denken unentwegt um den Begriff des Lebens

---

[121] Lessing, Theodor: Nietzsche, S.54.
[122] Lessing, Theodor: Europa und Asien. Untergang der Erde am Geist, Leipzig ⁵1930, S.297.

kreist. So versteht der jüdische Philosoph als Ziel seines Denkens, ‚genau zu erfragen, durch welche Art Betätigung unserer Kräfte wir das Leben am meisten erhöhen und in uns selbst die höchste Form von Leben verwirklichen können' (Philosophie als Tat)."[123]

In den von Albert zitierten Worten aus Lessings früher Schrift *Philosophie als Tat*, welche den Eindruck vermitteln, als wolle Lessing sein Denken dem Leben bzw. der Lebenssteigerung dienstbar machen, klingt zudem unverkennbar ein zentraler Aspekt aus Nietzsches Historienschrift an.

Um genau zu ermitteln, wie Lessing den Begriff des Lebens auffasst, ist es notwendig, seine sogenannte Dreisphärentheorie ins Visier zu nehmen, die er seinem Buch *Geschichte als Sinngebung des Sinnlosen* voranstellt. Diese bildet sozusagen das erkenntnistheoretische bzw. metaphysische Fundament, auf welchem er seine Argumentation aufbaut.

Wenn Lessing von den „drei Sphären" spricht, so meint er damit die Sphäre des Lebenselementes, diejenige der Wirklichkeit, sowie die Sphäre der Wahrheit. Synonym verwendet Lessing auch die französischen Termini „vitalité", „réalité" und „vérité".

Die Sphäre der réalité gilt ihm als die bewusstseinsimmanente Wirklichkeit. Es ist die Sphäre, in der sich menschliches Denken, Handeln und Kommunizieren abspielt und die der Mensch durch die formalen Anschauungsformen des Raumes und der Zeit sowie durch die Denk- bzw. Verstandesform der Kausalität apperzipiert. Sie ähnelt durchaus Kants „Welt der Erscheinung", ist jedoch aufgrund ihrer Reduktion auf die Kategorie der Kausalität stärker Schopenhauers „Vorstellung" verpflichtet.

Die Sphäre der Wahrheit, vérité, ist für Lessing „[...] die normative Sphäre zur Beurteilung oder Auswertung von Wirklichkeiten; also nicht aus Wirklichkeit ableitbar und nicht auf Wirkliches zurückführbar."[124] Die nicht der Wirklichkeit angehörenden Axiome, Normen, Werte und Ideale dieser Sphäre sind unwandelbar und zeitlos.

---

[123] Albert, Karl: Philosophie im Schatten von Auschwitz. Edith Stein – Theodor Lessing – Walter Benjamin – Paul Ludwig Landsberg, Dettelbach Röll 1995, S.30.

[124] Lessing, Theodor: Geschichte als Sinngebung des Sinnlosen, S.14f.

Als elementare und fundamentale Sphäre fasst Lessing das Leben, vitalité, das „absolute lebendige Urelement des Lebens"[125], das „AnsichLebendige"[126] auf, welches ihm als Grundlage jeglichen Daseins gilt. Es ist seinem Wesen nach zeitlos, alogisch und naturgemäß mit den Mitteln des Verstandes nicht zu erfassen, d.h. begrifflich nicht zu fixieren. Leben ist ein „[...] noch von keiner Wert- und Idealvorstellung angetastetes Element, dessen Wesen nur umschrieben werden kann als grenzenlose Produktion und Schöpferkraft, als dauernder Wandel und Bewegung. Dieser Schicht, die also das Sein im Ursprung repräsentiert, gehört Lessings ganze Sympathie."[127]

Wie oben dargestellt, vermochte auch Nietzsche das Leben lediglich als „[...] dunkle, treibende, unersättlich sich selbst begehrende Macht"[128] zu umschreiben.

Im Anhang von *Geschichte als Sinngebung des Sinnlosen* bemüht sich Lessing um eine möglichst präzise Beschreibung der Art und Weise, wie er „Leben", das in seinen Augen „mißbrauchteste aller Worte"[129], verwendet: „Ich gebrauche den Begriff Leben, Lebenselement weitab vom Modegebrauch [...] d.h. als Bezeichnung für das bauende, gestaltende, zeugende, schöpferisch formende in der Gestaltenwelt dargelebte Urelement der natura naturans; nicht aber für Bewußtsein dieses Urelements, für bewußtes Leben oder Leben in Bewußtsein."[130]

Nach Lessings etwas abstrus anmutender Vorstellung bildeten die drei Sphären vormals eine Ureinheit des Seins, an welcher auch der Mensch in einem Zustand der Vorbewusstheit partizipierte. Nach dem Erwachen des menschlichen Bewusstseins sei diese ursprüngliche Einheit in besagtem Bewusstsein zerbrochen; d.h. durch die nun entstandene Erkenntnisfähigkeit des Menschen, durch seine Möglichkeit, zwischen sich selbst und einem Gegenüber zu differenzieren, sich selbst, als Subjekt, einem Objekt gegenüber zu stellen, habe sich die Einheit des Seins aus

---

[125] Ebd., S.14.
[126] Ebd., S.15.
[127] Hüsgen, Hans Dieter: Geschichtsphilosophie und Kulturkritik Theodor Lessings, Mainz 1961, S.2.
[128] Nietzsche, Friedrich: Sämtliche Werke, KSA, Bd.1, S.269.
[129] Lessing, Theodor: Geschichte als Sinngebung des Sinnlosen, S.256.
[130] Ebd., S.256.

der Perspektive des menschlichen Bewusstseins in zwei wesensverschiedene Welten gespalten. Vom Standpunkt des Bewusstseins aus habe der Mensch somit nach unten, in die Sphäre der vitalité, und nach oben, in die Sphäre der ewigen Wahrheiten geblickt. Die Spannung, welche aus dieser Spaltung notwendigerweise erwachsen sei, habe der Mensch dann durch die Bildung einer dritten Sphäre, der réalité, aufgelöst. Diese sei nichts anderes, als die Verwirklichung der normativen an der vitalen Sphäre. In der Sphäre der réalité seien nun beide Welten präsent, ohne dass die Wirklichkeit vollständig von „Leben" oder vollständig von Geist erfüllt sei. Lessing formuliert in diesem Zusammenhang: „Im Sein liegen die drei Sphären untrennbar ineinander. Aber im notentborenen Bewußt-Sein treten sie erscheinlich auseinander und werden, (da hinter Bewußtsein stets Wollen brennt), mittelbar wieder zusammengefügt zur Gegenstandswelt, welche mithin Zusammenbau (Konkretion) ist des im Bewußtseinsschwärpunkte polar-gespaltenen Seins."[131]

Das Entscheidende in diesem Kontext ist, dass Lessing das Fundament allen (und somit auch des menschlichen) Daseins als vital auffasst. Wie Nietzsche ist auch Lessing darum bemüht, das „Leben", nicht den Geist, als das fundamentale Prinzip vorzustellen. „Leben" gilt sowohl für Nietzsche als auch für Lessing als das (im Vergleich mit menschlichem Bewusstsein) „Frühere", *Vor*bewusste. Beiden Philosophen geht es um eine Akzentuierung der in ihren Augen wahren Relation zweier Prinzipien zueinander: Leben ist das Fundament, auf welchem allererst Denken, Erkennen und Wissenschaft möglich sind.

Wie oben dargestellt, existiert in Nietzsches Fabel ein von Lebewesen bevölkertes Gestirn. Diese erfinden irgendwann, zu ihrem Unglück, das Erkennen. Mit diesem Akt nehmen Hochmut und Verlogenheit ihren Einzug. Bei Lessing zerbricht die Harmonie der vitalen, ursprünglichen Einheit des Seins im aufkeimenden (menschlichen) Bewusstsein, das wie ein Unwetter in eine idyllische Landschaft einfällt.

An dieser Stelle wird eine nicht zuletzt von Nietzsche initiierte, lebensphilosophische Eigenart deutlich, den Terminus „Leben" durch eine mehr oder weniger pejorative Verwendung von Begriffen wie Erkennen, Geist, Verstand etc. aufzuwerten. Durch diese Aufwertung von „Leben",

---

[131] Lessing, Theodor: Europa und Asien, S.6.

die wesentlich durch eine „Absetzung von..." vollzogen wird, weist man (zumeist in kulturkritischer Absicht) auf eine Dominanz, eine Vorherrschaft des Geistes hin. Bereits Bollnow formuliert diesbezüglich: „Leben bleibt ein Kampfbegriff, der sich immer zugleich von einem bestimmten Gegner absetzt. Er bedeutet auf der einen Seite die Lebendigkeit des Lebens gegenüber den Verfestigungen einer Konvention, Leben überhaupt gegenüber einem starren und festen Sein, er bedeutet aber zugleich die Gesamtheit der seelischen Kräfte im Menschen, insbesondere der irrationalen Kräfte des Gefühls und der Leidenschaft gegenüber der einseitigen Vorherrschaft des abstrakten Verstandes."[132]

Bei einer derartig emphatischen Entgegensetzung von „Leben" und Geist, so eine häufig an der Lebensphilosophie geübte Kritik, erfährt letzterer Terminus nicht selten eine Bedeutungsverengung: „Es ist allerdings nicht zu bestreiten, daß bei Lessing wie bei Klages Leben und Geist als feindliche Mächte einander gegenübergestellt sind. Unter ‚Geist' wird von beiden Philosophen allein der Verstand, die Rationalität aufgefaßt, das sich selbst beobachtende Bewußtsein [...]."[133]

Die Tatsache, dass Lessing die Sphäre der vitalité als fundamentales Prinzip betrachtet und somit den anderen Sphären vorordnet, wird auch in der diesbezüglich vorhandenen Sekundärliteratur besonders hervorgehoben. So formuliert Hüsgen: „Lessing sieht im Lebenselement die eigentlich metaphysische Substanz des Daseins. Das unbewußte Leben ist die ursprüngliche Daseinsweise des Seins schlechthin, gegenüber dem alles andere sekundär und abgeleitet ist."[134] Böhm schreibt dazu: „Denn da im ‚Lebensstrom' die drei Sphären als ein Eines vorliegen sollen, das allererst durch das Bewußtsein gespalten wird, kann unter der Rücksicht des Lessingschen Ansatzes nur Leben jener Seinscharakter eignen, der sich als Einheit von Sein, Denken und Gestalt auszulegen vermag. Damit aber ist Leben, und nicht Bewußtsein oder Denken, als der alles tragende Grund für Lessing ausgewiesen."[135]

---

[132] Bollnow, Otto Friedrich: Die Lebensphilosophie, S.5.
[133] Albert, Karl: Philosophie im Schatten von Auschwitz, S.37.
[134] Hüsgen, Hans Dieter: Geschichtsphilosophie und Kulturkritik Theodor Lessings, S.2.
[135] Böhm, Peter: Theodor Lessings Versuch einer erkenntnistheoretischen Grundlegung von Welt. Ein kritischer Beitrag zur Aporetik der Lebensphilosophie, Würzburg 1986, S.18.

Albert/Jain sehen in dieser Verwendung des Lebensbegriffes ein wichtiges Charakteristikum der Lebensphilosophie: „Wesentlich an der lebensphilosophischen Theoriebildung ist vor allem ihre in unserem Zusammenhang wesentliche Absicht, den Menschen von einem Urprinzip, dem All-Leben her zu definieren und sein Denken und Handeln auf die dem Leben immanenten schöpferischen und gestalterischen Kräfte zurückzuführen."[136]

2.) „Leben" und Geschichte

Zu Anfang seines Textes *Geschichte als Sinngebung des Sinnlosen* wirft Theodor Lessing einen kritischen Blick auf diejenigen philosophischen und historischen Lehrmeinungen, die aufgrund irriger Vorstellungen über das Verhältnis von „Leben" und Geschichte dieser einen Status zukommen ließen, der ihrem Wesen in keiner Weise entspreche. Lessing formuliert: „Das eben (so meinte man) beweise ja den Unterschied von Geschichte und Naturwissenschaft: Naturwissen erdichte fiktive Wirklichkeiten, wie z.B. Atome, Monaden, Naturkräfte und zuletzt die mathematischen Definitionen der Mechanik. Geschichte hingegen offenbare eine ganz unmittelbare Beziehung zu dem, was lebt. Die Naturwissenschaft freilich sei wohl nur menschliche Gedankentat. Sie enthalte notwendige Unterstellungen, Arbeitshypothesen, Entschlossenheitsstandpunkte, Definitionen als Mittel und Mittelchen, mit deren Hilfe der Mensch das an sich unausmeßbare Leben bändigen, gewältigen, entwirken, übermächtigen könne. Geschichte dagegen schaffe und setze keine Wirklichkeiten, sondern spiegele die eine, die wahre, echte, eigentliche, unmittelbar gegebene Wirklichkeit. Geschichte sei daher das Leben selber, wenigstens in dem Sinn, in welchem Fichte, Schelling und Hegel Geschichte als >Einheit des Weltgeschehens< definierten und abgrenzen zu können wähnten vom >bloß Historischen< als von der Beschreibung oder Erzählung gelegentlicher Einzelgeschehnisse in Raum und Zeit."[137] Explizit bezieht sich Lessing auch auf die Zunft der Historiker: „Dennoch erhebt der Geschichtsschreiber den Anspruch, etwas Wirkliches zu bieten. Ja er behauptet sogar recht eigentlich die Wirklichkeit, unmittel-

---

[136] Albert, Karl/Jain, Elenor: Philosophie als Form des Lebens. Zur ontologischen Erneuerung der Lebensphilosophie, Freiburg (Breisgau)/München 2000, S.20.
[137] Lessing, Theodor: Geschichte als Sinngebung des Sinnlosen, S.12.

bar und ohne Umschweif für künftige Geschlechter aufzubewahren. >Geschichte ist die Wirklichkeit selber<, sagt Leopold von Ranke [...]."[138]

Wie oben bereits dargestellt, geht Theodor Lessing von der „Unerfaßlichkeit des zeitlosen Elementes"[139], also von der Unmöglichkeit dessen aus, die Sphäre der vitalité in ihrem wahren Sein auf kognitivem Wege zu erfassen. Dieses „Leben-Ansich", Lessing nennt es auch das Vorbewusste, kann durch die (menschliches) Bewußtsein konstituierenden Anschauungsformen Raum und Zeit und die Denkform der Kausalität nicht festgestellt, nicht unmittelbar erfasst, sondern nur „verstellt" werden: „Wir haben das Leben nur, solange wir es nicht denken (homo fit omnia non intelligendo)."[140]

Es liegt für Lessing auf der Hand, dass auch die Geschichtswissenschaft, und als Wissenschaft ist sie eine genuin kognitive Disziplin, das Vorbewusste, das Leben-Ansich niemals unmittelbar zu erfassen in der Lage sein wird: „Die Welt der Geschichte, sofern sie uns als Bewußtseinswirklichkeit gegeben ist, ist nie das Lebendige selbst."[141]

Lessing arbeitet der Apotheose der Wissenschaft, der Hybris des Wissenschaftler entgegen, indem er den Menschen als Gefangenen seines eigenen kognitiven Apparates darstellt, dem es kraft seines Verstandes niemals möglich sein wird, einen direkten Blick in den „Seinsgrund" zu werfen. In Bezug auf die Verstandesform der Kausalität schreibt Lessing: „Dank dieser einen großen Vernunftforderung aber ist der Mensch eben Mensch, d.h.: beurteilender Geist. Kausalität, so heißt das Gehäuse, darinnen er lebt und einzig leben kann, so wie der Krebs in seinem Panzer, die Seemuschel in ihrer Schale, die Schnecke in ihrem Schneckenhaus."[142]

Auch Nietzsche hatte, mit Blick auf sein Zeitalter, die Begrenztheit der Wissenschaft herausgestellt. In *Über Wahrheit und Lüge im aussermoralischen Sinne* schreibt er: „Alles Wunderbare aber, dass wir gerade an

---

[138] Ebd., S.13.
[139] Ebd., S.148.
[140] Ebd., S.206.
[141] Ebd., S.31.
[142] Ebd., S.37.

den Naturgesetzen anstaunen, das unsere Erklärung fordert und uns zum Misstrauen gegen den Idealismus verführen könnte, liegt gerade und ganz allein in der mathematischen Strenge und Unverbrüchlichkeit der Zeit- und Raum-Vorstellungen. Diese aber produciren wir in uns mit jener Nothwendigkeit, mit der die Spinne spinnt; wenn wir gezwungen sind, alle Dinge nur unter diesen Formen zu begreifen, so ist es dann nicht mehr wunderbar, dass wir an allen Dingen eigentlich nur eben diese Formen begreifen."[143]

Dasjenige, was die Geschichtsbücher ihren Rezipienten offenbaren, ist für Lessing also nicht das „Leben" in seiner Unmittelbarkeit; denn dieses kann nur *erlebt*, keinesfalls gedacht oder begriffen werden. Es ist ein durch die menschliche Kognition vermitteltes Leben; es stellt sich dar als „Spiegelung von Leben im Bewußtsein".[144]

Mit wiederum abwertendem Beiklang bezeichnet Lessing den Verstand in diesem Zusammenhang als den „Versteller des Erlebens".[145] Hüsgen merkt hierzu treffend an: „Einer irrationalen Substanz steht ein lebensfeindlicher und lebensfremder Geist gegenüber, der erkennend das Sein verfälscht und es in seinem Sosein zerstört."[146]

Die Wissenschaft der Geschichte sowie Wissenschaft überhaupt stellen für Lessing den ohnmächtigen und verzweifelten Versuch des Menschen dar, das lebendige Element zu „übermächtigen" und zu kontrollieren, es quasi kraft des Verstandes zu bändigen. Dieser Versuch ist in den Augen Lessings allerdings von vornherein zum Scheitern verurteilt: „Die Unmittelbarkeit lebendiger Vorgänge widersteht durchaus der wissenschaftlichen Übermächtigung. Die Geschichte als Wissenschaft ist nicht unmittelbare Offenbarung, sondern nur reflektives Analogon gelebten Lebens."[147]

Die Möglichkeit einer Wissenschaft, die sich als „strenge Wissenschaft" versteht, sieht Lessing allenfalls darin, als Orientierungs- und Ordnungsprinzip innerhalb der Grenzen menschlicher Bewusstseinswirklichkeit zu

---

[143] Nietzsche, Friedrich: Sämtliche Werke, KSA, Bd.1, S.885f.
[144] Lessing, Theodor: Geschichte als Sinngebung des Sinnlosen, S.30.
[145] Ebd., S.78.
[146] Hüsgen, Hans Dieter: Geschichtsphilosophie und Kulturkritik Theodor Lessings, S.4.
[147] Lessing, Theodor: Geschichte als Sinngebung des Sinnlosen, S.75.

fungieren: „Nur dort, wo man innerhalb des Lebendigen orientieren will, kann man im strengen Sinn wissenschaftlich verfahren, d.h. mit einem Bereich durchaus hypothetischer gedanklicher Symbole rechnen. Das Lebendige selber und jegliche Übersetzung von Erlebnis in die Form geglaubter Bewußtseinswirklichkeit enthält dagegen ein unauflösbar irrationales oder besser gesagt arationales Element."[148]

Da die Geschichte für Lessing keine unmittelbare Offenbarung „irgendeines Seins" darstellt, erscheint ihm die Annahme absurd, der Geschichtsverlauf *per se* vollziehe sich sinnvoll und zeige Gesetzmäßigkeiten. Wie im Folgenden noch genauer darzustellen sein wird, projiziert der Geschichtsschreiber nach Lessing den Sinn notwendigerweise in die Geschichte hinein. Zudem könne man keinesfalls eine Verbindung zwischen den Termini „vitalité" und „Sinn" herstellen: „Der Kern unsrer Erkenntniskritik ist der Nachweis, daß es dem Menschengeiste unmöglich wäre, geschichtliche Wirklichkeiten ohne Sinn vorzustellen, weil Bewußtseins-Wirklichkeit schon Gestaltet-sein in sich schließt.

Sprechen wir aber nicht von historischer Wirklichkeit und Daseinswelt, sondern vom Lebendigen in seiner Unmittelbarkeit (vom Unbewussten, Absoluten, An-sich-selberseienden), so führen wir das Menschenwort Sinn nur anmaßlich im Munde."[149]

Ekkehard Hieronimus beschreibt diesen Aspekt des Lessingschen Denkens wie folgt: „Das Reich des Lebenselementes – vitalité – ist die Sphäre des Vorbewußten und damit des Vormenschlichen. Die Bezeichnungen ‚sinnwidrig' und ‚sinnvoll' sind auf sie nicht anwendbar, da diese Begriffe bereits der Welt des Bewußtseins entstammen, also einen fremden Maßstab anlegen. Vitalité ist sinnfrei."[150]

3.) Geschichte als „Willenschaft"

Menschliches Leben zeichnet sich für Theodor Lessing durch das unablässige Streben danach aus, die Sphäre der vérité mit dem Lebenselement zu vereinigen. Bewusstseinswirklichkeit ist für ihn die *Verwirklichung*

---

[148] Ebd., S.75.
[149] Ebd., S.83.
[150] Hieronimus, Ekkehard: Theodor Lessing, Otto Meyerhof, Leonard Nelson. Bedeutende Juden in Niedersachsen, Hannover 1964, S.45f.

der Sphäre des Normativen am Lebenselement, durch welche der Mensch eine Aufhebung des Spannungsverhältnisses zwischen reinem Leben und reinem Geist erstrebt. In *Die verfluchte Kultur. Gedanken über den Gegensatz von Leben und Geist* heißt es dazu: „Was wir die Wirklichkeit nennen, diese Welt des Sachlichen, ist das Wirklich-Machen *unsres* Sinns; Verwirklichung unsrer Wahrheit, Auferbauung unsrer Richtmaße und Normen *am* Element des Lebens."[151]

Lessing zufolge lässt sich dieser Akt des Verwirklichens deutlich an Naturwissenschaft und Geschichte ablesen. Während erstere sich der logischen Vorformen bediene, um sich, *wissend*, im Lebenselement zu orientieren, sei Geschichte an die ebenfalls der Sphäre der vérité zugehörenden Ideale und Werte gekoppelt. Sie stelle den Weg dar, auf dem der Mensch im Lebenselement, *wollend*, Idealvorstellungen, Wünsche verwirkliche. Dieses Streben nach Idealverwirklichung ist nach Lessing mit Lebenskraft gleichzusetzen: „Die Kraft, Ideale immer neu vor sich hinzustellen, ist die Kraft des Lebens selbst."[152]

Aufgrund dieses von ihm festgestellten Wesens der Geschichte, lehnt Lessing für dieselbe den Begriff „*Wissen*schaft" ab und prägt den Neologismus „*Willen*schaft": „Nun aber tritt uns Geschichte in einer völlig anderen und neuen Bedeutung entgegen. Nicht als eine Wirklichkeit, sondern als eine Verwirklichung. Nicht als Wissenschaft, sondern als Willenschaft. Was aber für die Wissenschaft die Richtschnur der logischen Vorformen ist, das ist für die Willenschaft die fordernde Welt der Ideale [...] Beides zusammen (die logischen und ethischen Normen) bezeichnen wir als die ideale Sphäre des Wahren."[153]

Geschichtsschreibung stellt sich für Lessing als ein Prozess des Umdichtens von Vergangenheit dar, als dessen Bewegkraft er die Welt der Ideale und Werte ausmacht. Die Geschichte gilt ihm als „*Willen*schaft". Im Gewesenen sieht man Lessing zufolge nicht dasjenige, was tatsächlich gewesen ist, sondern das, was man sehen *will* (bzw. dasjenige, was man sehen muss, um die eigene Lebenskraft zu befördern). Das berühmte Zitat aus Hegels *Vorlesungen über die Philosophie der Ge-*

---

[151] Lessing, Theodor: Die verfluchte Kultur. Gedanken über den Gegensatz von Leben und Geist, München 1995, S.51.

[152] Lessing, Theodor: Geschichte als Sinngebung des Sinnlosen, S.211.

[153] Ebd., S.193.

schichte abwandelnd formuliert Lessing: „Die Weltgeschichte ist das Welt*gedicht*."[154]

Das Ideale scheint nach Lessing also nicht aus Geschichte heraus oder durch Geschichte hindurch, sondern wird durch den Menschen in sie hineinprojiziert: „Mithin sind Werte oder Ideale zunächst nicht >Geschichte<, sondern eine fordernde Welt über Geschichte, eine Welt, an Hand deren freilich alle Wirklichkeit der Geschichte gedacht und denkend gestaltet wird; ein stilles Geisterreich, das nirgend derb und faktisch in das Getriebe der Geschichte-wirkenden Motivkräfte eingreift, dennoch aber das eigentliche Vor- und Anbild, das Regulativ, die Richte abgibt, bei jedem Urteil, das wollend oder denkend der Geist über Wirklichkeit fällt."[155]

Das Entscheidende in diesem Zusammenhang ist, dass Ideale in Bezug auf Geschichte nicht *konstitutiven*, sondern nur *regulativen* Charakters sein können. Sowohl geschichtliche Wirklichkeit als auch der Blick auf das Gewesene, Geschichtsschreibung, finden beide innerhalb der räumlichen und zeitlichen Bewusstseinswirklichkeit statt, in welcher es nach Lessing weder absolutes Leben, noch absoluten Geist geben kann. Werden Ideale in diese Sphäre transponiert, so verlieren sie ihren absoluten Charakter, den sie nur als Anbilder innerhalb der Sphäre des Normativen besitzen. Der Glaube des Menschen, ein Ideal in Reinheit verwirklicht zu haben oder ein solches in der Geschichte zu erblicken, stellt für Lessing eine contradictio in adjecto dar. Das aus der Sicht des Menschen vermeintlich „fleischgewordene" Ideal hält Lessing für eine Illusion, eine Täuschung, eine Lüge: „Über die Formen und Normen von Geschichte ließe sich Einigkeit aller denkenden und wertenden Geister erzielen, die Einheit anschauender reiner Erkenntnis; aber steigen wir aus der Wolkenschicht der reinen Idee auf der Geschichte blutgetränkten, notgepflasterten Boden, dann wird aus dem Ideal die – Lüge."[156]

Da Lessing zufolge das Streben nach Idealverwirklichung menschliche Lebenskraft ausmacht und diesem Akt Illusionäres, Lügenhaftes, Täuschendes anzuhaften scheint, vermag Lessing derartigen Illusionen und

---

[154] Ebd., S.197.
[155] Ebd., S.194.
[156] Ebd., S.195.

Täuschungen aufgrund ihrer lebenserhaltenden bzw. lebensfördernden Funktion in gewisser Weise Wertschätzung entgegenzubringen. In einem Übermaß rein wissenschaftlichen Erkennens, das dem Menschen Illusionen raube, ihn ent-täusche, sieht er eine Gefährdung des Lebens: „Dort, wo der Erkennende in Gefahr gerät, an Hoffnungs- und Wahnlosigkeit der Erkenntnisse zugrunde zu gehen (alle Erkenntnis ist Niederschlag einer Enttäuschung!), da wird unser Fortlebenkönnen abhängig von der Frage, ob wir genug Lebenskraft haben, um neue Ersatzmittel für Lebensdrang und blinden Werdedurst (neuen Trug, neue Rauschsurrogate, neue Wahn- und Blütenträume!) aus uns zu erzeugen. Diese Einblendung (wir nennen sie Wahrheit und Ideal) unterheizt unser Leben nicht anders, als wie Kohle Wärme schafft, wenn Lebens-Wärme zu erlöschen droht."[157]

Der Sinn von Geschichte liegt für Lessing gerade darin, durch die Schaffung von Illusionen „im Dienste des Lebens" zu stehen: „Da aber Geschichte von vornherein keine andere Aufgabe erfüllt als diese, lebensnotwendige Illusionen zu schaffen, so sind die Bezeichnungen Lüge oder Wahrheit auf Geschichte gar nicht anwendbar [...] Sie [die Geschichte] hat nicht die Absicht, nüchtern die Wirklichkeit kennen zu lehren, sondern erfüllt die Aufgabe, dem Leben des Menschen einen steigernden und fortzeugenden Sinn zu schaffen, also, wenn man so will: der Wirklichkeit Wahrheit einzulügen."[158]

Die Ähnlichkeit derartiger Gedanken mit Nietzsches Philosophie werden besonders deutlich, wenn man sich Nietzsches frühen erkenntniskritischen Standpunkt vergegenwärtigt, wonach hinter der menschlichen Wahrheitssuche stets die Intention der eigenen Lebensförderung steht. Nietzsche bestreitet, dass der Mensch (auch nicht als Wissenschaftler) auf ein Erkennen um des reinen Erkennens willen abzielt; der Mensch erstrebe vielmehr die Erkenntnis um des Lebens willen. Begriffe wie Wahrheit, Lüge und Täuschung verlangen nach Nietzsche dann nach einer Betrachtungsweise und Interpretation „im außermoralischen Sinne": „Die Menschen fliehen dabei das Betrogenwerden nicht so sehr, als das Beschädigtwerden durch Betrug. Sie hassen auch auf dieser Stufe im Grunde nicht die Täuschung, sondern die schlimmen, feindseligen Fol-

---

[157] Ebd., S.211.
[158] Ebd., S.121.

gen gewisser Gattungen von Täuschungen. In einem ähnlich beschränkten Sinn will der Mensch auch nur die Wahrheit. Er begehrt die angenehmen, Leben erhaltenden Folgen der Wahrheit; gegen die reine folgenlose Erkenntnis ist er gleichgültig, gegen die vielleicht schädlichen und zerstörenden Wahrheiten sogar feindlich gesinnt."[159]

In *Über das Pathos der Wahrheit*, der ersten der *Fünf Vorreden zu fünf ungeschriebenen Büchern*, welche ebenfalls dem gedanklichen Umfeld der Historienschrift zuzurechnen sind, findet Nietzsche noch drastischere Formulierungen in Bezug auf das Verhältnis des Menschen zur Wahrheit: „Die Wahrheit! Schwärmerischer Wahn eines Gottes! Was geht die Menschen die Wahrheit an!"[160]; „[...] die Wahrheit würde ihn [den Menschen] zur Verzweiflung und zur Vernichtung treiben, die Wahrheit ewig zur Unwahrheit verdammt zu sein. Dem Menschen geziemt aber allein der Glaube an die erreichbare Wahrheit, an die zutrauensvoll sich nahende Illusion. Lebt er nicht eigentlich durch ein fortwährendes Getäuschtwerden?"[161]

Was Nietzsches und Lessings Positionen hinsichtlich des Verhältnisses von Leben und Geschichte unterscheidet, ist, dass Lessing den Akt der Geschichtsbildung als dem menschlichen *Leben* nicht nur zugehörig, sondern für dieses geradezu charakteristisch, ja sogar essentiell betrachtet. Für Nietzsche hingegen, der betont, man könne auch ohne Erinnerung bzw. ohne Geschichte glücklich leben, gehört der Hang zur Historie primär der kognitiven bzw. reflexiven Seite des Menschen an. Erinnerung und Geschichte erhalten bei ihm zumeist eher den Status einer dem Menschen auferlegten Bürde, die es zu bändigen und in gewissen Schranken zu halten gilt. Immer wieder muss er emphatisch ausrufen, man möge doch Historie zum Zwecke des Lebens treiben. Diese ist nach Nietzsche, wie oben festgestellt, dem Menschen in der Regel eher zum Nachteil als zu seinem Nutzen.

Obwohl auch Nietzsche der Auffassung ist, dass allen voran das Ziel der Lebensförderung die Antriebskraft der menschlichen Wahrheitssuche darstellt, welche sich vor allem in der Ausbildung wissenschaftlicher

---

[159] Nietzsche, Friedrich: Sämtliche Werke, KSA, Bd.1, S.878.
[160] Ebd., S.759.
[161] Ebd., S.760.

Disziplinen zeigt, bindet Lessing Naturwissenschaft und Geschichte jedoch stärker an den menschlichen Lebensvorgang selbst: „Das ganze Wesen unsres menschlichen Ameisenbaus ist Verwirklichung von Wahrheit am Element des Lebendigen! Geburt immer neuer Träume und Anbilder, damit Träume und Anbilder Wirklichkeit werden. In diesem Geschäft der Verwirklichung erschöpft sich das Leben! Mag tausendmal eine nüchterne Wissenschaft sagen: >So war es<; die Hoffnung, Sehnsucht, Begeisterung tönen dazwischen: >So soll es gewesen sein<; und die Wissenschaft der Geschichte steht machtlos und muß erkennen, daß sie nie etwas anderes ist als Sprachmund wissensfremder Gewalt."[162]

Exemplarisch für die häufig konstatierte Widersprüchlichkeit[163] des Nietzscheschen Denkens im Allgemeinen und der *Zweite[n] Unzeitgemässe[n] Betrachtung* im Besonderen ist die Tatsache, dass sich, trotz der oben angesprochenen Unterschiedlichkeit der Standpunkte Nietzsches und Lessings, in der Historienschrift ebenfalls die Darstellung eines Menschentyps findet, welchem sein Autor unterstellt, dass er gerade als jemand, der den Geschichtsprozess als sukzessive Sinn- und Wahrheitsoffenbarung ansieht, unbewusst im Dienste einer „wissensfremden Gewalt" steht. Es ist der Gegentypus zum bereits erwähnten „überhistorischen Menschen", der „historische Mensch". Dieser scheint ein Anhänger der von Nietzsche an anderer Stelle scharf kritisierten teleologischen Geschichtsauffassung Hegelscher Provenienz zu sein: „[...] der Blick in die Vergangenheit drängt sie [die historischen Menschen] zur Zukunft hin, feuert ihren Muth an, es noch länger mit dem Leben aufzunehmen, entzündet die Hoffnung, dass das Rechte noch komme, dass das Glück hinter dem Berge sitze, auf den sie zuschreiten. Diese historischen Menschen glauben, dass der Sinn des Daseins im Verlaufe eines *Prozesses* immer mehr ans Licht kommen werde, sie schauen nur deshalb rückwärts, um an der Betrachtung des bisherigen Prozesses die Gegenwart zu verstehen und die Zukunft heftiger begehren zu lernen; sie wissen gar nicht, wie unhistorisch sie trotz aller ihrer Historie denken

---

[162] Lessing, Theodor: Geschichte als Sinngebung des Sinnlosen, S.200.
[163] Was beim Vergleich diverser Äußerungen Nietzsches häufig als widersprüchlich erscheint, gilt zahlreichen Interpreten als Ausdruck dessen, was man gemeinhin als Nietzsches *Perspektivismus* bezeichnet.

und handeln, und wie auch ihre Beschäftigung mit der Geschichte nicht im Dienste der reinen Erkenntnis, sondern des Lebens steht."[164]

Eine wesentliche Übereinstimmung in der Behandlung des Verhältnisses von Leben und Geschichte durch Nietzsche und Lessing liegt sicherlich in der kulturkritischen Intention beider Autoren. Nietzsches starker Aversion gegen den zeitgenössischen Historismus entspricht bei Lessing die Kritik an einer in seinen Augen die westliche Welt beherrschenden positivistischen Wissenschaftlichkeit, die dem Menschen mit seinen Illusionen gleichzeitig die Lebenskraft raube und ihn dem Fundament seines Daseins, dem Lebenselement, entfremde: „Und tausendmal besser Illusion als volle Ernüchterung zur Glaubenslosigkeit erschöpften Wollens, die zusammenfällt mit dem letzten Sieg eines schlaflosen Wissens über die Hoffnung. Die Unfähigkeit der erschöpften Kraft, weitere >Rauschsurrogate< aus sich herauszustellen, wird der Tod der abendländischen Welt sein an ihrem Wissen."[165]

4.) Lessings Bewertung des Monumentalen in der Historie

In *Geschichte als Sinngebung des Sinnlosen* nimmt Theodor Lessing direkt auf Nietzsches Darstellung dreier Formen der Geschichtsbetrachtung Bezug. An dieser kritisiert er vor allem zwei Aspekte: „Seine [Nietzsches] Dreiteilung der Geschichte als monumentalische, antiquarische und kritische, das heißt als die Geschichtsschreibung der Tätigen und Strebenden, der Bewahrenden und Verehrenden, der Leidenden und Befreiung-Bedürftigen erschöpft nicht im mindesten die unübersehbare Mannigfaltigkeit möglicher Willensgesichtspunkte der Geschichtsschreibung, welche gleicherweise und selbst einander den Rang ablaufend, an ein und dem selben Geschichtswerk mitwirken können. Vor allem aber lauert hinter dem führenden Begriff des Heroischen eine unbeantwortete Frage, denn wer Geschichte als den Ehrentempel der Heldengeister betrachtet, müßte klar und scharf sagen können, was als Heldengeist und Heldenleben unwidersprochen zu gelten habe."[166]

---

[164] Nietzsche, Friedrich: Sämtliche Werke, KSA, Bd.1, S.255.
[165] Lessing, Theodor: Geschichte als Sinngebung des Sinnlosen, S.201.
[166] Ebd., S.204.

Hinsichtlich des ersten von ihm kritisierten Aspektes ist interessant, dass Lessing Nietzsches Darstellung einer monumentalischen, antiquarischen und kritischen Historie als eine Darstellung von „Willensgesichtspunkten der Geschichtsschreibung" qualifiziert. Obwohl er an dieser ihre Unvollständigkeit bemängelt, scheint er bei Nietzsche, wie an dem Begriff „Willensgesichtpunkt" deutlich wird, seine eigene Vorstellung von der Geschichte als „Willenschaft", als Verwirklichung des Normativen im Dienste des Lebens bereits angelegt zu sehen. Dass Lessing tatsächlich dieser Auffassung ist, wird in seinem *Nietzsche* deutlich. Dort heißt es: „Nietzsche entdeckte zum ersten Male die Wahrheit, daß wir unsre Geschichte, auslesend, wertend, als ein zweites geistiges Selbst, als eine „Welt der Wirklichkeit" anhand einer ideologischen Sphäre in unser erstes Leben, in das Lebenselement hineinbauen. Und zwar hineinbauen nach Wünschbarkeitsgesichtspunkten, die er als die monumentale (d.h. heroische), die antiquarische (d.h. pietätbedingte) und die kritische (d.h. psychologisch interessierte) Geschichtsschreibung noch recht vorläufig und ganz ungefähr zu kennzeichnen versuchte."[167]

Der zweite von Lessing kritisierte Aspekt bezieht sich auf Nietzsches Umgang mit dem Begriff des Heroischen, den Lessing – dies zeigt das Zitat aus *Nietzsche* – in Form der Darstellung einer monumentalischen Historie repräsentiert sieht. Dadurch, dass Lessing vom *„führenden* Begriff des Heroischen" in Bezug auf die Historienschrift spricht, verdeutlicht er den hohen Stellenwert, den Nietzsche der monumentalischen Historie seiner Auffassung nach beimisst.

Obwohl Nietzsche, wie oben ausgeführt, auch die Kehrseite der monumentalischen Historie, ihr „lebensfeindliches" Potential, aufzeigt, offenbart seine Diktion gleichwohl eine gewisse Sympathie, wenn nicht gar Faszination für dieselbe. Während er in Form der negativen Ausprägung der antiquarischen Historie den zeitgenössischen Historismus darstellt, sieht er das destruktive Moment der monumentalischen Historie auch darin, sich gegen die Vergangenheit selbst zu richten. Dieses muss, seiner Argumentation gemäß, dem menschlichen Leben zu Nutze sein: „Regiert also die monumentalische Betrachtung des Vergangenen über die anderen Betrachtungsarten, ich meine über die antiquarische und kritische, so leidet die Vergangenheit selbst Schaden: ganz grosse Theile

---

[167] Lessing, Theodor: Nietzsche, S.28f.

derselben werden vergessen, verachtet, und fliessen fort wie eine graue ununterbrochene Fluth, und nur einzelne geschmückte Facta heben sich als Inseln heraus [...].“¹⁶⁸

Wenn man sich zudem vergegenwärtigt, wie emphatisch Nietzsche den anthropologischen Begriff des Lebens an Ausdrücke wie „Handeln" und „Tun" bindet, dann unterstreichen Formulierungen wie die folgende im Zusammenhang mit der monumentalischen Historie eine derartige Sympathie: „Die Geschichte gehört vor allem dem *Thätigen* und *Mächtigen*, dem, der einen grossen Kampf kämpft, der Vorbilder, Lehrer, Tröster braucht und sie unter seinen Genossen nicht zu finden vermag."¹⁶⁹

Lessing kritisiert nun an Nietzsche, dass dieser den Begriff des Heroischen bzw. des „Helden der Geschichte" unzureichend spezifiziere. In Wahrheit steckt hinter dieser Kritik jedoch der Vorwurf, Nietzsche glorifiziere in einseitiger Weise die Starken, Sich-Durchsetzenden und Mächtigen in der Geschichte. Lessing ist der Ansicht, dass man keinesfalls eine zu Ruhm und Macht gelangte historische Persönlichkeit automatisch als herausragenden und besonders wertvollen Menschen qualifizieren könne. Stärke, Macht und Erfolg eines Individuums verbürgen für Lessing nicht schon per se den hohen Wert desselben.

Im zweiten Buch von *Geschichte als Sinngebung des Sinnlosen*, in welchem er dem Leser seine „Psychologie der Geschichte" vorstellt, kommt Lessing zu dem Schluss, wie nichtig und wenig aussagekräftig dasjenige ist, was eine große Anzahl von Menschen gemeinhin als historischen Ruhm zu bezeichnen und zu bewundern pflegt: „Geschichte sagt nichts über den Wert von Menschen, sondern verzeichnet ihre historische Wirkung. Diese historische Wirkung aber ist eine Kategorie für sich. Auch von dem Wertvollsten, Größten, Höchsten, in irgend einem Sinn Bedeutsamsten würde die Geschichte nicht die mindeste Kunde bewahren, noch irgendwelche Notiz nehmen, wenn es nicht irgendwo faktisch wirksam und erfolgreich geworden wäre. Und zwar gilt das für die Kunst- oder Geistesgeschichte nicht minder als für die politische Geschichte der Völker. Nicht also die Tatsache, daß geistige oder sonstwelche Werte da sind, sondern daß sie für das Bewußtsein da sind, ist für die Geschichts-

---

¹⁶⁸ Nietzsche, Friedrich: Sämtliche Werke, KSA, Bd.1, S.262.
¹⁶⁹ Ebd., S.258.

schreibung entscheidend; und so kann die Frage aufgeworfen werden, ob vielleicht das wahrhaft Außerordentliche niemals in die Geschichte übergehe, weil es nur für wenige da sein kann."[170]

Schreibt man Nietzsche zu, er hege gewisse Sympathien für die Mächtigen und Starken, so gilt für Theodor Lessing wohl genau das Gegenteil. Das Entscheidende in diesem Kontext aber ist, dass für Lessing der Begriff der „Größe" eines Menschen wesentlich mit dem Vorhandensein von Sittlichkeit verbunden ist. Historischer Ruhm ist ihm nicht zuletzt deswegen suspekt, weil er mit Blick auf die vermeintlich „großen" Individuen der Geschichte (beispielsweise die „großen" Demagogen), die mächtig und somit *wirksam* waren, nicht selten das Fehlen sittlichen Verhaltens konstatieren muss. Lessing äußert sein Unbehagen hinsichtlich historischer Größe in Form der folgenden Frage: „Die Geschichtskritik darf endlich nicht vor der bittersten und schwersten Frage zurückschrecken, nämlich vor der Frage, ob historische Größe und sittlicher Wert überhaupt miteinander vereinbar sind oder ob sie einander etwa prinzipiell ausschließen?"[171]

Lessing gehört also nicht zu denjenigen Vertretern der Lebensphilosophie, denen man einen „brutalen Biologismus" vorwerfen kann, welcher das Gute und Wertvolle nur im Vorhandensein und der Ausprägung von Stärke und Macht bzw. der Förderung und Behauptung von „Leben" sieht. Bei Nietzsche ist die Sachlage allerdings weniger eindeutig.

Auch wenn Nietzsche keinesfalls auf das Etikett des Biologismus reduziert werden kann, so war es vor allem er, der in seiner späten Schaffensphase dem *„brutalen* Biologismus" eine sprachlich besonders eindringliche Gestalt verliehen hat. In *Der Antichrist. Fluch auf das Christenthum*, einem Text aus dem Korpus der Schriften des Jahres 1888, deren Interpretation man gelegentlich unter dem Hinweis auf seinen kurz darauf erfolgten geistigen Zusammenbruch abgelehnt hat, schreibt Nietzsche: „Was ist gut? – Alles, was das Gefühl der Macht, den Willen zur Macht, die Macht selbst im Menschen erhöht. Was ist schlecht? – Alles, was aus der Schwäche stammt. Was ist Glück? – Das Gefühl davon, dass die Macht *wächst*, dass ein Widerstand überwunden

---

[170] Lessing, Theodor: Geschichte als Sinngebung des Sinnlosen, S.104.
[171] Ebd., S.113.

wird. *Nicht* Zufriedenheit, sondern mehr Macht; *nicht* Friede überhaupt, sondern Krieg; *nicht* Tugend, sondern Tüchtigkeit (Tugend im Renaissance-Stile, virtù, moralinfreie Tugend)."[172]

Die Höhepunkte, die Gipfel der Menschheit erblickt Nietzsches monumentalischer Historiker nicht in der Geschichte der besonders *sittlichen*, sondern der *starken* Individuen, die durch die Ausprägung eines Maximums an Macht und Kraft, also an Leben, nachfolgende Generationen zu eben demselben animieren. Das Gebot eines solchen Historikers lautet: „[…] das was einmal vermochte, den Begriff „Mensch" weiter auszuspannen und schöner zu erfüllen, das muss auch ewig vorhanden sein, um dies ewig zu vermögen. Dass die grossen Momente im Kampfe der Einzelnen eine Kette bilden, dass in ihnen ein Höhenzug der Menschheit durch Jahrtausende hin sich verbinde, dass für mich das Höchste eines solchen längst vergangenen Momentes noch lebendig, hell und gross sei – das ist der Grundgedanke im Glauben an die Humanität, der sich in der Forderung einer monumentalischen Historie ausspricht."[173]

Der Passus, in welchem Lessing der Tatsache historischer Wirksamkeit ein gewisses Maß an Banalität und somit einen Mangel an Größe zuspricht, wirkt geradezu wie eine direkte Entgegnung auf die Worte Nietzsches: „Denn damit Personen oder Werke wirken können, muß an ihnen etwas Gemeinverständliches sein. – In der Tat gehört eine grobe Kurzsichtigkeit des Urteils dazu, um in der Kette der historisch Großen auch die ideellen Gipfel des Menschentums zu sehen. Der Mensch ist tiefer und reicher, als Geschichte ahnen lässt."[174]

In seiner *Geschichtsphilosophie und Kulturkritik Theodor Lessings* betitelten Dissertation findet Hüsgen eine treffende Formulierung für die dargestellte Differenz der Positionen Nietzsches und Lessings. Er schreibt: „Diese Steigerung des Lebens zu imponierender Größe vermag sich nur in kraftvollen Individualitäten zu vollziehen und so läuft Nietzsches Verherrlichung des Lebens und sein Wille zu immer höheren und intensiven Erscheinungen seiner selbst hinaus auf eine aristokratisch getönte Proklamierung der souveränen und starken Individualität, deren

---

[172] Nietzsche, Friedrich: Sämtliche Werke, KSA, Bd.6, S.170.
[173] Nietzsche, Friedrich: Sämtliche Werke, KSA, Bd.1, S.259.
[174] Lessing, Theodor: Geschichte als Sinngebung des Sinnlosen, S.104.

Leitbilder er aus der Geschichte entnimmt [...] Gegen diesen vitalen Aristokratismus wendet sich Lessing. Der Protest gegen die Verherrlichung der bloßen Kraft ist ja ein Lebensnerv seiner Philosophie."[175]

Lessing schließt keineswegs die Möglichkeit völlig aus, dass unter Umständen auch ein wahrhaft bedeutendes Individuum zu historischem Ruhm gelangen kann. Er bestreitet jedoch, dass es ein gesetzmäßiges Verhältnis zwischen Wert und Erfolg in der Weise gibt, dass das Erfolgreiche notwendigerweise auch wertvoll sein muss. Seiner Ansicht nach verhält es sich vielmehr so, dass „[...] der historische Erfolg immer das Erste, der Werthaltungsakt aber das Zweite ist, d.h., daß Erfolge das Wirksamwerden von Werten, nicht aber umgekehrt Werte den Erfolg verbürgen [...]."[176] Dieses Verhältnis des historischen Erfolges zur Werthaltung bezeichnet Lessing als „sacrificatio post eventum".[177] In der Beruhigung beim Erfolg und der Ableitung eines Rechtes oder Wertes aus einem Erfolg- oder Machtverhältnis drücke sich die in jedem Menschen vorhandene Tendenz aus, dasjenige, was man ohnehin annehmen müsse, weil man es doch nicht ändern könne, nun auch scheinbar freiwillig anzunehmen und somit eine bittere Notwendigkeit in Freiheit umzuwandeln.

Für den sowohl von Nietzsche als auch von Lessing hochgeschätzten Jacob Burckhardt lässt sich historische Größe nicht wirklich messen, weder an Macht und Kraft, noch am Grad der Sittlichkeit eines Individuums. In dem berühmten Kapitel „Das Individuum und das Allgemeine (Die historische Größe)", welches Bestandteil seines Buches *Weltgeschichtliche Betrachtungen* ist, finden sich die folgenden Sätze: „Die wirkliche Größe ist ein Mysterium. Das Prädikat wird weit mehr nach einem dunklen Gefühle als nach eigentlichen Urteilen aus Akten erteilt oder versagt; auch sind es gar nicht die Leute vom Fach allein, die es erteilen, sondern ein tatsächliches Übereinkommen vieler. Auch der sogenannte Ruhm ist dazu nicht genügend. Die allgemeine Bildung unserer Tage kennt aus allen Völkern und Zeiten eine gewaltige Menge von mehr oder weniger Berühmten; allein bei jedem einzelnen entsteht dann

---

[175] Hüsgen, Hans Dieter: Geschichtsphilosophie und Kulturkritik Theodor Lessings, S.48f.
[176] Lessing, Theodor: Geschichte als Sinngebung des Sinnlosen, S.49.
[177] Ebd., S.49.

erst die Frage, ob ihm Größe beizulegen sei, und da halten nur wenige die Probe aus."[178]

5.) Die dreifachen Leitbilder der Geschichte

Ebenso wie in Nietzsches *Zweite[r] Unzeitgemässe[r] Betrachtung* findet sich auch in Lessings *Geschichte als Sinngebung des Sinnlosen* die Darstellung dreier Zugangsweisen bzw. möglicher Einstellungen des Menschen zur Geschichte. Diese unterscheiden sich allerdings maßgeblich von Nietzsches monumentalischer, antiquarischer und kritischer Historie. Der von ihm vorgestellten dreifachen Einstellung des Historikers entspreche, so Lessing, die dreifache Art, „[...] die Not des Lebens zu bewältigen: gestaltend-anschauend; beurteilend-auswertend; einordnend-orientierend."[179]

Da wäre erstens die *ästhetische* Geschichtsbetrachtung, deren Vollzug sich als „reines Anschauen" der historischen Begebenheiten, als vollkommene Zuwendung zur „[...] Ausdrucks und Bilder-seite des Lebens [...]"[180] darstellt. Hier verliert sich der Historiker völlig im Objekt seiner Anschauung. Er enthält sich jeglicher moralischer Stellungnahme zum Geschauten, verzichtet auf die logische Auswertung des geschichtlichen Materials und erreicht einen Zustand der Auflösung der Subjekt-Objekt-Spaltung, indem er sich selbst im Gegenstand seiner Anschauung verliert: „Der ästhetisch gerichtete Historiker (mag das nun naive Ursprünglichkeit des Gefühls oder letzte menschliche Weisheit sein) hat alle Geschichtsereignisse, selbst auf die Gefahr hin, mitleidlos, grausam, unsozial, unbewegt uninteressiert zu heißen, lediglich als Bild der Anschauung vor Augen."[181]

Für Lessing ist diese Art der Geschichtsbetrachtung die „[...] ursprünglichste und lebensnächste"[182], die den Menschen die Not und den Schmerz seines eigenen zeitlichen Daseins vergessen lässt.

---

[178] Burckhardt, Jacob: Weltgeschichtliche Betrachtungen, S.210f..
[179] Lessing, Theodor: Geschichte als Sinngebung des Sinnlosen, S.208.
[180] Ebd., S.206.
[181] Ebd., S.207.
[182] Ebd., S.206.

Der *humane und heroische* Geschichtsschreiber nimmt am Vergangenen Bewertungen vor und misst geschichtliche Ereignisse mit moralischen Kriterien. Er ist keineswegs interesselos, sondern wird in seinem historischen Treiben mit Blick auf seine Gegenwart von mahnenden und belehrenden Absichten angetrieben: „Er hält die Waage der Werte. Seine Geschichtsauffassung entfließt weniger der künstlerischen Freude an Wiedergabe der bunten Wandelwelt als vorbestimmender Absicht, die ihn zum Prediger, zum Priester, in den höchsten Abarten zum Richter der Erde macht."[183]

Der von Lessing vorgestellte Typus des *denkenden, logischen* Geschichtsschreibers trägt im Vergleich zu den anderen am stärksten historistische Züge. Dieser wird nämlich „[…] von einer Lust rein wissenschaftlicher Art beflügelt, die man in einem ganz anderen Sinn der künstlerischen Freude vergleichen kann, indem diese Art Historiker weniger geleitet werden von der Frage nach dem Wirklichsein dessen, was sie feststellen als von dem Genuß am Zusammenhang und an Aufdeckung der lückenlosen historischen Notwendigkeit."[184]

---

[183] Ebd., S.207.
[184] Ebd., S.207f.

VIII. Das „Prinzip der nachträglichen Sinngebung" bei *Nietzsche*

Einer der ersten Leser der *Zweiten Unzeitgemässen Betrachtung*, der sich annähernd ausführlich und zudem kritisch mit dem Text auseinandersetzt, ist der klassische Philologe Erwin Rohde, ein Freund Nietzsches, mit welchem dieser einen zeitweise regen Briefkontakt pflegte. Zeugnis dieser kritischen Beschäftigung Rohdes mit Nietzsches Historienschrift ist ein auf den 24. März 1874 datierter Brief an Nietzsche, in welchem jener einen Aspekt zur Sprache bringt, der seither immer wieder im Zusammenhang kritischer Analysen der Historienschrift und anderer Texte Nietzsches aufgetaucht ist. Rohde schreibt: „Dabei bemerke ich nun einen Mangel, der die, von Fremden mir öfters entgegengehaltene *Schwierigkeit* Deiner Bücher zum Theil verursacht. Du *deducirst* allzu wenig, sondern überlässest dem Leser mehr als billig und gut ist, die *Brücken* zwischen deinen Gedanken und Sätzen zu finden. Gewiß ist die allmähliche Ableitung des 2ten aus dem 1ten, des 3ten aus dem 2ten usw. in infinitum oft tödlich langweilig; aber der entgegengesetzte Fehler kann, aufs Extrem getrieben, Bücher über eine ohnehin schwierige Materie oft unsäglich beschwerlich machen, wie das z.B. Wagnern fast in allen seinen Schriften (außer im Dirigieren und im Judenthum) so geht."[185]

Rohdes Kritik erweiternd kann man sagen, dass das Verständnis der Historienschrift neben dem augenscheinlichen Mangel an Diskursivität auch dadurch erschwert wird, dass Nietzsche die Formulierung einer Reihe von Gedanken, die sich auf den selben Sachverhalt beziehen und einander ergänzen, im Text allzu weit auseinanderliegend platziert. Auch ist es besonders für das Verständnis der *Zweite[n] Unzeitgemässe[n] Betrachtung* oft hilfreich und manchmal sogar notwendig, zu deren Ergänzung einen Blick in Nietzsches *Über Wahrheit und Lüge im aussermoralischen Sinne* zu werfen sowie andere Schriften aus dem Frühwerk zu Rate zu ziehen. Zudem verleiht Nietzsches häufig anzutreffende Neigung zur bildhaften Illustration seiner Gedanken den Texten zwar eine literarisch faszinierende Gestalt, trägt jedoch in vielen Fällen nur unwesentlich zum besseren Verständnis derselben bei.

---

[185] Nietzsche: Briefwechsel, KGA, Abt.2, Bd.4, S.421.

Gleichwohl müssen diese kritischen Aspekte in einem gewissen Maße als Charakteristika des Nietzscheschen Philosophierens betrachtet werden. Sie sind charakteristisch für einen Denker, der sich ganz bewusst gegen die systematische Form als Ausdrucksmittel seines Denkens entschieden hat.

Auch hinsichtlich desjenigen Gedankens von Nietzsche, der in diesem Kapitel vorgestellt werden soll, gilt, dass er von ihm allzuwenig diskursiv und vor allem bildhaft vorgetragen wird. Dieser Gedanke, der in diversen Abhandlungen über die Historienschrift keine oder nur beiläufige Erwähnung findet, tritt besonders deutlich durch den Vergleich mit Theodor Lessings Schrift *Geschichte als Sinngebung des Sinnlosen* hervor, in welcher er als Kerngedanke fungiert. Da Nietzsche keinen Terminus für besagten Gedanken geprägt hat, könnte man ihn als einen dem Lessingschen „Prinzip der nachträglichen Sinngebung (logificatio post festum)" verwandten Gedanken bezeichnen.

Im Zusammenhang mit seiner Schilderung der Situation eines zeitgenössischen Individuums, welches von einer immensen Anzahl historischer Fakten nahezu überflutet wird, stellt Nietzsche in bildhafter Form die Tätigkeit des menschlichen Verstandes bzw. Gedächtnisses in folgender Weise dar: „Machen wir uns jetzt ein Bild von dem geistigen Vorgange, der hierdurch in der Seele des modernen Menschen herbeigeführt wird. Das historische Wissen strömt aus unversieglichen Quellen immer von Neuem hinzu und hinein, das Fremde und Zusammenhangslose drängt sich, das Gedächtniss öffnet alle seine Thore und ist doch nicht weit genug geöffnet, die Natur bemüht sich auf's Höchste, diese fremden Gäste zu empfangen, zu ordnen und zu ehren, diese selbst aber sind im Kampfe mit einander, und es scheint nöthig, sie alle zu bezwingen und zu bewältigen, um nicht selbst an ihrem Kampfe zu Grunde zu gehen."[186]

Es ist die Tätigkeit des Ordnens, des Stiftens von Zusammenhang, des Strukturierens, die Nietzsche hier dem Verstand bzw. dem Gedächtnis zuschreibt. An anderer Stelle heißt es: „[…] wenn nur immer neue wissenswürdige Dinge hinzuströmen, die säuberlich in den Kästen jenes Gedächtnisses aufgestellt werden können."[187]

---

[186] Nietzsche, Friedrich: Sämtliche Werke, KSA, Bd.1, S.272.
[187] Ebd., S.274.

Kraft dieser Tätigkeit des Verstandes, so Nietzsches Auffassung, wird das rezipierte Wissen bezwungen, bewältigt, Theodor Lessing würde sagen „übermächtigt". Mit dem Historismus der zur „Stoffhuberei ausgewucherten Tatsachenforschung" geht für Nietzsche jedoch gar zu oft eine Überforderung dieser kognitiven Fähigkeit des Menschen einher. Der Mensch kann dann die Masse des aufgenommenen Wissens nicht mehr adäquat verarbeiten: „Der moderne Mensch schleppt zuletzt eine ungeheure Menge von unverdaulichen Wissenssteinen mit sich herum, die dann bei Gelegenheit auch ordentlich im Leibe rumpeln, wie es im Märchen heisst."[188]

Was Nietzsche mit den oben angeführten Bildern primär zum Ausdruck bringen will, ist, neben seiner Kritik an einem Übermaß des zu bewältigenden historischen Stoffes, seine Überzeugung, nach welcher sich der Historiker nicht von seiner natürlichen Neigung lösen kann, Einheit, Zusammenhang und Sinn auch dort in das historische Material hineinzudenken, wo lückenhafte geschichtliche Quellen derartiges nicht hergeben. Für Nietzsche ist die Eigenschaft, das selbst Erlebte sowie das durch Geschichtsquellen aufgenommene Wissen zu ordnen, zu strukturieren und kausal zu verknüpfen, ein den Menschen auszeichnendes Charakteristikum, das, wenn es aufgrund von Überlastung oder sonstiger Beeinträchtigung nicht mehr normal funktioniert, den Menschen in pathologische Zustände hineinführt.

Aufgrund dieser Überzeugung, nach der naturgemäß auch die Geschichtsschreibung ein an die Voraussetzungen bzw. die Grundstruktur subjektiver Erkenntnis gebundener Vorgang ist, erscheint ihm der zu seiner Zeit häufig strapazierte Begriff der „historischen Objektivität" als Ausdruck einer Illusion: „Und sollte nicht selbst bei der höchsten Ausdeutung des Wortes Objectivität eine Illusion mit unterlaufen? Man versteht dann mit diesem Worte einen Zustand im Historiker, in dem er ein Ereigniss in allen seinen Motiven und Folgen so rein anschaut, dass es auf sein Subject gar keine Wirkung thut: man meint jenes ästhetische Phänomen, jenes Losgebundensein vom persönlichen Interesse, mit dem der Maler in einer stürmischen Landschaft, unter Blitz und Donner oder auf bewegter See, sein inneres Bild schaut, man meint das völlige Versunkensein in die Dinge: ein Aberglaube jedoch ist es, dass das Bild,

---

[188] Ebd., S.272.

welches die Dinge in einem solchermaassen gestimmten Menschen zeigen, das empirische Wesen der Dinge wiedergebe. Oder sollten sich in jenen Momenten die Dinge gleichsam durch ihre eigene Thätigkeit auf einem reinen Passivum abzeichnen, abkonterfeien, abphotographiren?"[189]

Diese, von Nietzsche so bezeichnete, „höchste Ausdeutung des Wortes Objectivität" findet sich in Theodor Lessings Darstellung einer ästhetischen Geschichtsbetrachtung wieder. Lessing, für den Geschichte auch im Wesentlichen vom geschichteschreibenden Subjekt erschaffen wird, sieht diese ästhetische Geschichtsbetrachtung als Leitbild, als eine Art Ideal. Wie oben dargestellt, erkennt er in ihr deshalb einen lebensfördernden Aspekt, da sich der Historiker der ästhetischen Geschichtsbetrachtung in diesem Zustand reiner Kontemplation vom Schmerz und Leiden seines eigenen Daseins entbunden fühle. Nietzsche hingegen, der emphatisch auf die Unmöglichkeit einer Feststellung des empirischen Wesens der Dinge in einem derartigen Zustand hinweist, lehnt eine solche Geschichtsbetrachtung auch in Form eines Leitbildes oder Ideales ab. Sie gehört für ihn dem „[...] verwöhnte[n] Müssiggänger im Garten des Wissens [...]."[190] zu. Dieser steht nach Nietzsche für Untätigkeit, welche ihm wiederum Symptom einer Erschlaffung des Lebens, Ausdruck eines Mangels an Lebenskraft ist. Für Nietzsche ist gerade der Akt der Formung und Bearbeitung des Vergangenen, dieses Charakteristikum des menschlichen Gedächtnisses, auch Ausdruck menschlicher Lebenskraft. Sein Ideal ist nicht der kontemplative Betrachter des Vergangenen, sondern der „Dichter der Historie", bei dem sich Lebenskraft in gesteigertem Maße offenbart. Er spricht davon, „[...] dass jener Moment [der Moment des „Dichtens" der Vergangenheit] gerade der kräftigste und selbstthätigste Zeugungsmoment im Innern des Künstlers ist, ein Compositionsmoment allerhöchster Art, dessen Resultat wohl ein künstlerisch wahres, nicht ein historisch wahres Gemälde sein wird. In dieser Weise die Geschichte objectiv denken ist die stille Arbeit des Dramatikers; nämlich Alles aneinander denken, das Vereinzelte zum Ganzen weben: überall mit der Voraussetzung, dass eine Einheit des Planes in die Dinge gelegt werden müsse, wann sie nicht darinnen sei.

---

[189] Ebd., S.289f.
[190] Ebd., S.245.

So überspinnt der Mensch die Vergangenheit und bändigt sie, so äussert sich sein Kunsttrieb – nicht aber sein Wahrheits-, sein Gerechtigkeitstrieb."[191]

In seinem Aufsatz *Kritik und Legitimation der Geschichtsdichtung* hat Hinck auf die zunächst widersprüchlich erscheinende Tatsache hingewiesen, dass Nietzsche bei gleichzeitiger Ablehnung einer ästhetischen Geschichtsbetrachtung die Geschichts*dichtung* als legitim erachtet: „Nietzsches Protest gegen den Historismus, genauer gegen den epigonalen, musealen Historismus, gegen blinde Sammelwut, ist Einspruch im Namen einer >Gesundheitslehre des Lebens<, Protest gegen eine Geschichtsbetrachtung, die das Historische als einen – um Kants Formel für das Ästhetische abzuwandeln – Gegenstand interesselosen wissenschaftlichen Wohlgefallens nimmt und ihre Erkenntnisse in einem Schatzhaus der Bildung anhäuft [...] Zugleich aber legitimiert, paradoxerweise, Nietzsches Schrift die Geschichtsdichtung. Gebilligt wird eine Historie, die es erträgt, zum Kunstwerk umgebildet, ein >Kunstgebilde< zu werden."[192]

Welche Bedeutung für Nietzsche die Geschichtsschreibung als Kunst, die Historie als Akt künstlerischen Schaffens tatsächlich hat, wird auf den letzten Seiten der Historienschrift besonders deutlich, wenn Nietzsche „[...] die Wundsäfte und Arzneien gegen die historische Krankheit, gegen das Uebermaas des Historischen [...]."[193] explizit benennt: „Nun man wundere sich nicht, es sind die Namen von Giften: die Gegenmittel gegen das Historische heissen – *das Unhistorische und das Überhistorische*. Mit diesen Namen kehren wir zu den Anfängen unserer Betrachtung und zu ihrer Ruhe zurück.

Mit dem Worte ‚das Unhistorische' bezeichne ich die Kunst und Kraft *vergessen* zu können und sich in einen begrenzten *Horizont* einzuschliessen; ‚überhistorisch' nenne ich die Mächte, die den Blick von dem Werden ablenken, hin zu dem, was dem Dasein den Charakter des Ewigen und Gleichbedeutenden giebt, zu *Kunst* und *Religion*. Die *Wissen-*

---
[191] Ebd., S.290.
[192] Hinck, Walter: Kritik und Legitimation der Geschichtsdichtung; in: >Vom Nutzen und Nachteil der Historie für das Leben<. Nietzsche und die Erinnerung in der Moderne, hrsg. von Dieter Borchmeyer, Frankfurt am Main 1996, S.188.
[193] Nietzsche, Friedrich: Sämtliche Werke, KSA, Bd.1, S.329.

schaft – denn sie ist es, die von Giften reden würde – sieht in jener Kraft, in diesen Mächten gegnerische Mächte und Kräfte; denn sie hält nur die Betrachtung der Dinge für die wahre und richtige, also für die wissenschaftliche Betrachtung, welche überall ein Gewordnes, ein Historisches und nirgends ein Seiendes, Ewiges sieht; sie lebt in einem innerlichen Widerspruche ebenso gegen die aeternisirenden Mächte der Kunst und Religion, als sie das Vergessen, den Tod des Wissens, hasst, als sie alle Horizont-Umschränkungen aufzuheben sucht und den Menschen in ein unendlich-unbegrenztes Lichtwellen-Meer des erkannten Werdens hineinwirft."[194]

Neben der Kraft des Vergessens, dem Vermögen, eine Vergangenheit zu vernichten, ist es für Nietzsche also die Geschichtsdichtung, die sich zu künstlerischer *Tätigkeit* erhebende Geschichtsschreibung, die Kunst, die als „überhistorische Macht" den Blick vom Werden abzulenken und die Nähe zum „(ewigen) Leben" herzustellen vermag. In dieser Weise wirkt sie einer „krankmachenden" Form der Historie entgegen.

Es entspricht durchaus Nietzsches Hochschätzung und Idealisierung des Dichtens im Zusammenhang einer kritischen Betrachtung der Historie, wenn er sich zum Ausdruck seiner Auffassung, dass Geschichte nicht einen an sich vernünftigen, perfektiblen oder teleologischen Prozess offenbart, sondern als Geschichtsschreibung im Menschengeist wurzelt, der Worte zweier, von ihm verehrter, Dichter bedient. Zudem handelt es sich bei beiden um „Dichter der Historie", genauer gesagt, um Verfasser historischer Dramen: „Ja, Grillparzer wagt zu erklären ‚was ist denn Geschichte anders als die Art wie der Geist des Menschen die ihm *undurchdringlichen Begebenheiten* aufnimmt; das weiss Gott ob Zusammengehörige verbindet; das Unverständliche durch etwas Verständliches ersetzt; seine Begriffe von Zweckmässigkeit nach Aussen einem Ganzen unterschiebt, das wohl nur eine nach Innen kennt; und wieder Zufall annimmt, wo tausend kleine Ursachen wirkten. Jeder Mensch hat zugleich seine Separatnothwendigkeit, so dass Millionen Richtungen parallel in krummen und geraden Linien nebeneinander laufen, sich durchkreuzen, fördern, hemmen, vor- und rückwärts streben und dadurch für einander den Charakter des Zufalls annehmen und es so, abgerechnet die Einwirkungen der Naturereignisse, unmöglich machen, eine durchgreifende,

---

[194] Ebd., S.330.

Alle umfassende Nothwendigkeit des Geschehenden nachzuweisen'."[195] Und weiter heißt es: „Nun soll aber gerade, als Ergebniss jenes ‚objectiven' Blickes auf die Dinge, eine solche Nothwendigkeit an's Licht gezogen werden! Dies ist eine Voraussetzung, die, wenn sie als Glaubenssatz vom Historiker ausgesprochen wird, nur wunderliche Gestalt annehmen kann; Schiller zwar ist über das recht eigentlich Subjective dieser Annahme völlig im Klaren, wenn er vom Historiker sagt: ‚eine Erscheinung nach der anderen fängt an, sich dem blinden Ohngefähr, der gesetzlosen Freiheit zu entziehen und sich einem übereinstimmenden Ganzen – das freilich nur in seiner Vorstellung vorhanden ist – als passendes Glied einzureihen'."[196]

Nun sei zu Schiller angemerkt, dass dieser nicht nur bedeutende historische Dramen wie *Don Carlos*, *Wallenstein* und *Maria Stuart* schrieb, sondern auch Professor der Geschichte war. Das von Nietzsche angeführte Zitat stammt aus Schillers berühmter Antrittsvorlesung mit dem Titel *Was heißt und zu welchem Ende studiert man Universalgeschichte?*, die dieser am 16.5.1789 an der Jenaer Universität gehalten hat. Liest man in Schillers Text an der Stelle weiter, an welcher Nietzsche das Zitat beendet, so wird noch deutlicher, dass bereits hier, zu einer Zeit, da noch niemand Hegels *Philosophie der Geschichte* gelesen hatte und sich gegen dieselbe aussprechen konnte, Grundzüge von Friedrich Nietzsches und Theodor Lessings Geschichtsdenken angelegt sind: „Bald fällt es ihm schwer, sich zu überreden, daß diese Folge von Erscheinungen, die in seiner Vorstellung soviel Regelmäßigkeit und Absicht annahm, diese Eigenschaften in der Wirklichkeit verläugne; es fällt ihm schwer, wieder unter die blinde Herrschaft der Nothwendigkeit zu geben, was unter dem geliehenen Lichte des Verstandes angefangen hatte eine so heitre Gestalt zu gewinnen. Er nimmt also diese Harmonie aus sich selbst heraus, und verpflanzt sie ausser sich in die Ordnung der Dinge d.i. er bringt einen vernünftigen Zweck in den Gang der Welt, und ein teleologisches Prinzip in die *Weltgeschichte*. Mit diesem durchwandert er sie noch einmal, und hält es prüfend gegen jede Erscheinung, welche dieser große Schauplatz ihm darbietet. Er sieht es durch tausend beystimmende Fakta *bestätigt*, und durch eben soviele andre *widerlegt*; aber so lange in der

---

[195] Ebd., S.290f.
[196] Ebd., S.291.

Reyhe der Weltveränderungen noch wichtige Bindungsglieder fehlen, so lange das Schicksal über so viele Begebenheiten den letzten Aufschluß noch zurückhält, erklärt er die Frage für *unentschieden*, und diejenige Meinung siegt, welche dem Verstande die höhere Befriedigung, und dem Herzen die größre Glückseligkeit anzubieten hat."[197]

Vor allem der letzte Satz wirkt geradezu wie eine Vorwegnahme der psychologischen Einsicht Theodor Lessings, nach der zwischen Geschichtsschreibung und dem menschlichen Streben nach Wunschverwirklichung ein Zusammenhang besteht (Geschichte als „Willenschaft").

Zum Abschluss dieses Kapitels muss noch kurz auf eine psychologische Erkenntnis Nietzsches hingewiesen werden, die später bei Theodor Lessing in ähnlicher Form wieder auftaucht. Es geht um den Gedanken, dass die kognitive bzw. wissenschaftliche Behandlung eines vergangenen Ereignisses diesem seine Lebendigkeit, d.h. seine Wirksamkeit zu nehmen vermag. Durch das präzise Feststellen von Ursache und Wirkung, durch das Durchschauen der Zusammenhänge gewinnt der Mensch Kontrolle über ein Ereignis und kann die Beschäftigung mit demselben ruhen lassen. Er vollzieht sozusagen eine Loslösung durch Analyse: „Ein historisches Phänomen, rein und vollständig erkannt und in ein Erkenntnisphänomen aufgelöst, ist für den, der es erkannt hat, todt: denn er hat in ihm den Wahn, die Ungerechtigkeit, die blinde Leidenschaft und überhaupt den ganzen irdisch umdunkelten Horizont jenes Phänomens und zugleich eben darin seine geschichtliche Macht erkannt. Diese Macht ist jetzt für ihn, den Wissenden, machtlos geworden: vielleicht noch nicht für ihn, den Lebenden."[198]

Doch Nietzsche betrachtet diese Form der wissenschaftlichen Bewältigung oder „Übermächtigung" nicht nur im positiven Sinne als Befreiung, sondern kritisiert den in seinen Augen „lebensfeindlichen" Charakter der Wissenschaft, des reinen Erkennens am Beispiel der Entwicklung der christlichen Religion. Hierin argumentiert er ganz im Sinne seines Freundes, des Theologen Franz Overbeck: „Was man am Christenthume

---

[197] Schiller, Friedrich: Was heisst und zu welchem Ende studiert man Universalgeschichte? Eine akademische Antrittsrede; in: Schiller, Friedrich: Werke, Nationalausgabe, Bd.17, historische Schriften, erster Teil, hrsg. von Karl-Heinz Hahn, Weimar 1970, S.373f.

[198] Nietzsche, Friedrich: Sämtliche Werke, KSA, Bd.1, S.257.

lernen kann, dass es unter der Wirkung einer historisirenden Behandlung blasirt und unnatürlich geworden ist, bis endlich eine vollkommen historische, das heisst gerechte Behandlung es in reines Wissen um das Christenthum auflöst und dadurch vernichtet, das kann man an allem, was Leben hat, studiren: dass es aufhört zu leben, wenn es zu Ende secirt ist und schmerzlich krankhaft lebt, wenn man anfängt an ihm die historischen Secirübungen zu machen."[199]

---

[199] Ebd., S.297.

IX. Lessings „Logificatio post festum"

Vorbemerkung

Mit Blick auf die im vorangegangenen Kapitel angesprochene Problematik hinsichtlich des Verstehens der Historienschrift und zahlreicher anderer Texte Nietzsches, die u.a. mit dem Verzicht des Autors auf eine diskursive Darstellungsweise und dem Fehlen einer klaren und für den Leser sofort nachvollziehbaren Systematik zu tun hat, muss man Lessings *Geschichte als Sinngebung des Sinnlosen* einen vergleichsweise systematischen Aufbau attestieren (gleichwohl lässt auch Lessing allzu häufig eine diskursive Darstellung seiner Gedanken vermissen). Der Autor gliedert seinen Text in drei Bücher, die ihrerseits noch einmal in verschiedene Kapitel und Unterkapitel eingeteilt sind („Erkenntniskritik der Geschichte", „Psychologie der Geschichte" und „Geschichte als Ideal").

Trotz dieser augenscheinlichen Klarheit im Aufbau muss an dieser Stelle jedoch auf eine Problematik hingewiesen werden, die bei gründlicherer Lektüre des Buches deutlich wird. Obwohl Lessing zwischen einer „Erkenntniskritik" und einer „Psychologie der Geschichte" unterscheidet, fließen nicht selten psychologische Aspekte in Analysen des ersten Buches, sowie eher der Erkenntniskritik zuzurechnende Aspekte in Analysen des zweiten Buches ein. Der Autor scheint sich dieser Tatsache durchaus bewusst gewesen zu sein, denn er schreibt im Zusammenhang dessen, was er in seinem Buch darzustellen beabsichtigt: „Ein solcher Vorsatz stellt uns zum Teil vor erkenntniskritische, zum größeren Teil vor psychologische Aufgaben. Läßt sich die prinzipielle Verschiedenheit dieser beiden in diesem Buch weder klar darlegen noch praktisch zum Ausdruck bringen, so darf man daraus nicht folgern, daß der Verfasser sie nicht sieht."[200]

Wie dies bisher bereits durchgeführt worden ist, orientiert sich diese Abhandlung daher auch im Folgenden nicht präzise an Lessings eigener Systematik, da man diese, wenn man sich um eine kohärente Darstellung

---

[200] Lessing, Theodor: Geschichte als Sinngebung des Sinnlosen, S.19.

der wichtigsten Gedanken Lessings bemüht, notwendigerweise verlassen muss.

1.) Die historischen Kategorien

Auf den ersten Seiten seines Buches vermittelt Lessing dem Leser seine Kernthese, die sich bereits im Titel desselben ausdrückt, mit folgenden Worten: „Was die Bücher der Geschichte enthalten und überliefern, das ist Leben im Spiegel bewußten Wollens; also weder Element des An-sich-Lebendigen noch auch wahr in zeitlosem Sinne. Geschichte ist zeitliche Wirklichkeit und wie jeglicher Bewußtseinsinhalt eben auch aktiv gestaltet durch jene Kategorien, ohne die Bewußtseinsinhalt überhaupt nicht da wäre: durch die Formen des Zusammenhangs in der Zeit, des Fortschreitens, der Bewegung, worin ein >historisches Subjekt< als Träger der Geschichte sich selber hat, hält und erhält. Keineswegs aber wird durch Geschichte ein verborgener Sinn, ein Kausalzusammenhang, eine Entwicklung in der Zeit per se offenbar; sondern Geschichte ist Geschichteschreibung, das heißt die Stiftung dieses Sinnes, die Setzung dieses Kausalzusammenhangs, die Erfindung dieser Entwicklung. Sie vorfindet nicht den Sinn der Welt; sie gibt ihn."[201]

Die Geschichte ist für Lessing also nicht etwa die Offenbarung des „Weges" einer absoluten Vernunft, sondern offenbart dem Menschen als Bewusstseinsinhalt sowohl die Bedingungen der Möglichkeit seines Erkennens, als auch die Ziele seines Wollens und Strebens, seine psychische Verfasstheit. In Bezug auf den Nachweis des Ersteren sieht sich Lessing durchaus in der Tradition der Kantischen Philosophie, nur beschränkt sich sein Versuch der Begründung einer Kopernikanischen Wende auf das Gebiet der Geschichtswissenschaft und Geschichtsphilosophie: „[...] unsre Aufgabe ist vielmehr: die Wandlung von Erlebnis in Geschichte zu belauschen und für das kleine Gebiet der Geschichtsforschung das zu leisten, was Kant für die Gegenstandswelt fordert: >Nicht die menschlichen Angelegenheiten aus Wirklichkeit, sondern Wirklichkeit aus Bewußtsein zu begreifen<."[202]

---

[201] Ebd., S.15.
[202] Ebd., S.19.

Lessing, der Geschichte aus Bewusstsein zu begreifen bestrebt ist, wendet sich daher zunächst den „[...] Vorformen der Geschichtestiftung [...]."[203] zu, um schließlich zu zeigen, „[...] daß Einheit der Geschichte nirgend besteht, wenn nicht in dem Akte der Vereinheitlichung; – Wert der Geschichte nirgendwo, wenn nicht in dem Akte der Werthaltung. Sinn von Geschichte ist allein jener Sinn, den ich mir selber gebe, und geschichtliche Entwicklung ist die Entwicklung von Mir aus und zu Mir hin."[204]

Wie oben bereits erwähnt, sind für Lessing, wie für Kant, Zeit und Raum formale Anschauungsformen. Er betrachtet also beide nicht als absolute Wesenheiten, sondern schreibt ihnen im Sinne Kants transzendentalen Charakter zu. Die Möglichkeit, ein Nacheinander bzw. eine Abfolge von Ereignissen zu erkennen, wie dies auch im Falle der Geschichtsbetrachtung geschieht, ist an die im Subjekt verankerte formale Anschauungsform der Zeit gebunden. Lessing spricht daher von der „[...] Zeit als Form der Geschichte [...]."[205]

Nun ist es für die Geschichtsbetrachtung charakteristisch, dass sie sich auf bestimmte Einheiten in der Zeit bezieht, mit denen etwas geschehen ist; sie bezieht sich auf Einheiten, die eine Geschichte haben. Eine solche Einheit bezeichnet Lessing als geschichtliches Subjekt. Dieses ist seiner Auffassung nach eine Konstruktion, eine Setzung des Geschichtsschreibers, ohne welche Historie nicht möglich ist: „Es ist vollkommen klar, daß dieser Zusammenhang die Konstante eines tragenden Ich (nenne man das nun: Staat, Nation, Volksgeist, genereller Mensch, objektiver Geist oder sonstwie) schon voraussetzt: jenes geschichtliche Subjekt, auf welches wir alle Geschichte beziehn, als seine Geschichte und welches keineswegs in den Inhalten der Geschichte durch Erfahrung gefunden wird, noch auch etwa durch diese Inhalte hindurch magisch sich offenbart, sondern Form ist, um Geschichte aktiv schreiben zu können."[206]

In dieser Setzung eines geschichtlichen Subjektes offenbart sich für Lessing, neben der „Zeit als Form der Geschichte", eine Verstandesform, die er als die historische Kategorie der *Identität* bezeichnet. Hinsichtlich des

---
[203] Ebd., S.18.
[204] Ebd., S.19.
[205] Ebd., S.22.
[206] Ebd., S.22.

eigentlichen Ursprunges eines geschichtlichen Subjektes liefert Lessing dann allerdings eine psychologische Erklärung: „Was aber ist dieses durch Geschichte schreitende geschichtliche Subjekt anders, was kann es anders sein als eine ichbezügliche Spiegelung unseres eigenen Bildes? Eine Art Anbild-Mensch mit allen Interessen, Glücksbedürfnissen und Erhaltungsstrebungen unserer Gattung?"[207] Nach der Auffassung Lessings sind die abstrakten geschichtlichen Subjekte, wie z.B. Volk, Nation oder Menschheit, die als Einheiten innerhalb eines Geschichtsverlaufs fungieren können, lediglich Projektionen des Menschen nach Analogie der Einheit seines Ichs.

Lessings Standpunkt, nach welchem den die Einzelperson übergreifenden Allgemeinbegriffen der Geschichte keine empirische Realität zukommt, weist ihn als konsequenten Nominalisten aus. Er schreibt in diesem Zusammenhang: „Denn so wie Deutschland nur aus deutschen, Hellas nur aus hellenisch-, das Christentum nur aus christlich-fühlenden Einzelseelen besteht und es keinen Sinn hätte zu behaupten, der Körper bestehe auch dann, wenn alle die Zellen, deren Wechselwirkung ihn bildet, nicht mehr da sind, so ist geschichtliche Wirklichkeit zunächst gebunden an ein Chaos fühlend bewegter Einzelseelen, deren jede ihr eigenes Sinnsystem in sich trägt. Und aus allen diesen einzelnen Sinnsystemen wird die sogenannte geschichtliche Wahrheit erst durch Übersehen aller Teilwerte und -interessen gewonnen. Durch einen desqualifizierenden (auslaugenden) Vorgang sehr weiter Abstraktion von aller erlebensnahen Wirklichkeit."[208]

Auch hinsichtlich dieses nominalistischen Standpunktes hat Lessing in Nietzsche einen Vorläufer. Wie an diversen Stellen seines Werkes deutlich wird, neigt auch dieser, der Antipode Platons, dem erkenntnistheoretischen Nominalismus zu, jener Vorstellung, nach welcher das Allgemeine nur Name, nur Begriff ist. In *Ueber Wahrheit und Lüge im aussermoralischen Sinne* schildert Nietzsche den Prozess der Begriffsbildung wie folgt: „Denken wir besonders noch an die Bildung der Begriffe: jedes Wort wird sofort dadurch Begriff, dass es eben nicht für das einmalige ganz und gar individualisirte Urerlebniss, dem es sein Entstehen verdankt, etwa als Erinnerung dienen soll sondern zugleich für

---
[207] Ebd., S.22.
[208] Ebd., S.22f.

zahllose, mehr oder weniger ähnliche, d.h. streng genommen niemals gleiche, also auf lauter ungleiche Fälle passen muss. Jeder Begriff entsteht durch Gleichsetzen des Nicht-Gleichen. So gewiss nie ein Blatt einem anderen ganz gleich ist, so gewiss ist der Begriff Blatt durch beliebiges Fallenlassen dieser individuellen Verschiedenheiten, durch ein Vergessen des Unterscheidenden gebildet und erweckt nun die Vorstellung, als ob es in der Natur ausser den Blättern etwas gäbe, das ‚Blatt' wäre, etwa eine Urform, nach der alle Blätter gewebt, gezeichnet, abgezirkelt, gefärbt, gekräuselt, bemalt wären, aber von ungeschickten Händen, so dass kein Exemplar correct und zuverlässig als treues Abbild der Urform ausgefallen wäre."[209]

In *Vom Nutzen und Nachtheil der Historie für das Leben* verleiht Nietzsche seiner nominalistischen Position ebenfalls in expliziter Weise Ausdruck. Dabei geht es ihm vor allem darum, seinen eigenen Standpunkt scharf von Hegels Geschichtsphilosophie abzugrenzen: „Die Persönlichkeit und der Weltprozess! Der Weltprozess und die Persönlichkeit des Erdflohs! Wenn man nur nicht ewig die Hyperbel aller Hyperbeln, das Wort: Welt, Welt, Welt, hören müsste, da doch Jeder, ehrlicher Weise, nur von Mensch, Mensch, Mensch reden sollte!"[210]

In den gleichen Kontext gehört der folgende Passus. Nietzsche formuliert: „Wozu die ‚Welt' da ist, wozu die ‚Menschheit' da ist, soll uns einstweilen gar nicht kümmern, es sei denn, dass wir uns einen Scherz machen wollen: denn die Vermessenheit des kleinen Menschengewürms ist nun einmal das Scherzhafteste und Heiterste auf der Erdenbühne; aber wozu du Einzelner da bist, das frage dich, und wenn es dir Keiner sagen kann, so versuche es nur einmal, den Sinn deines Daseins gleichsam a posteriori zu rechtfertigen, dadurch dass du dir selber einen Zweck, ein Ziel, ein ‚Dazu' vorsetzest, ein hohes und edles ‚Dazu'. Gehe nur an ihm zu Grunde – ich weiss keinen besseren Lebenszweck als am Grossen und Unmöglichen, animae magnae prodigus, zu Grunde zu gehen."[211]

Wie besonders an letzterem Zitat deutlich wird, sieht Nietzsche in der Dominanz einer prozessual teleologischen Geschichtsauffassung die Ge-

---

[209] Nietzsche, Friedrich: Sämtliche Werke, KSA, Bd.1, S.879f.
[210] Ebd., S.312.
[211] Ebd., S.319.

fahr, dass der Einzelne, das Individuum sein Schicksal nicht selbst in die Hand nimmt, sondern durch den Glauben, dass das Faktische auch das Notwendige ist, passiv und untätig wird: „So macht der historische Sinn seine Diener passiv und retrospektiv."[212] Er postuliert, sich selbst ein Ziel zu stecken und sich dieses nicht etwa von der Geschichte oder einer anderen (nur imaginierten) „Macht" vorschreiben zu lassen.

Auch Lessings Nominalismus ist wohl letztlich mehr als nur eine erkenntnistheoretische Position. Vor allem kurz vor und während des Ersten Weltkrieges musste er allzu häufig erleben, wie man das Massensterben mit Hilfe von Abstrakta wie Krieg, Volk, Vaterland, Ehre, Deutschtum etc. rechtfertigte. Wohl nicht zuletzt daher rührt seine Aversion gegen dieselben: „So werden wir, lebendige Einzelmenschen aus Fleisch und Blut, von früh auf eingestellt in das große Riesenreich der imaginären Gespenster: als da sind Gesellschaft, Behörde, Staat und Kirche, Kaste und Gruppe und alle die unbarmherzigen und imaginären Abstrakta: das Recht, das Gesetz, die Schule, die gute Sache, die Majestät, der Mensch, die Ehre, die Ehe, das Gemeinwohl, die Ordnung, die Wissenschaft, die Familie, das Vaterland usw."[213]

Auch Hüsgen geht davon aus, dass Lessings erkenntnistheoretischer Nominalismus ethische Wurzeln hat. Für ihn ist dieser „[...] begründet in seinem Streben, jeder Individualität ihr volles Eigenrecht zu bewahren, das ja auch in seinem Kampf für die Erhaltung der Naturvölker, Tierrassen und Pflanzenarten sichtbar wird."[214]

Es liegt durchaus in der Konsequenz seiner nominalistischen Position, wenn Lessing Geschichtswerken um so skeptischer gegenübersteht, je abstrakter sich das vorliegende geschichtliche Subjekt gestaltet. Daraus resultiert seine Vorliebe für eine Form der Geschichtsbetrachtung, die das Individuum, den Einzelnen zum Gegenstand hat: „Ich scheue daher nicht das Bekenntnis, daß ich für die echteste und wahrhaftigste Form der Geschichte die Biographie und unter den Biographien wieder die Selbstbiographie halte, dagegen für die leerste und mittelbarste die Menschheits- oder Weltgeschichte, ähnlich wie der logische Begriff im-

---

[212] Ebd., S.305.
[213] Lessing, Theodor: Geschichte als Sinngebung des Sinnlosen, S.35.
[214] Hüsgen, Hans Dieter: Geschichtsphilosophie und Kulturkritik Theodor Lessings, S.23.

mer gültiger wird, um so umfassender, immer umfassender aber, um so inhaltsleerer er wurde."²¹⁵

Wohl vor allem wegen ihrer „Lebensnähe" findet er zudem Gefallen an einer Geschichtsschreibung, die an Nietzsches antiquarische Historie erinnert: „Dagegen wird Geschichte immer gleichgültiger, je weiter sie sich entfernt vom Boden der Landschaft und von einer begrenzten Aufgabe und je mehr sie ‚Wissenschaft' werden will. Eine ‚Geschichte der Menschheit' wäre wohl die hohlste aller Windblasen. Die schönsten und edelsten Geschichtsforscher wurzeln in Heimat und Volkstum und haben sich mit Liebe auf die Darstellung und Erforschung ihres kleinen begrenzten Kreises beschränkt."²¹⁶

Die Möglichkeit der Geschichtsschreibung basiert für Lessing schließlich, neben der formalen Anschauungsform des Nacheinander, der Zeit, und der Setzung eines geschichtlichen Subjektes (Identität), auf der Fähigkeit, in Bezug auf eine Abfolge von Ereignissen Ursache und Wirkung miteinander zu verknüpfen. In den Augen Lessings ist die Verstandesform der Kausalität das menschliche Ordnungsprinzip schlechthin, sie ist für ihn „[…] der Faden der Ariadne […] an welchem wir durch ein Labyrinth irrationalen Lebens uns hindurchtasten."²¹⁷

Kausalität ist nach Lessings Auffassung für die Wissenschaft der Geschichte geradezu essentiell, da diese gemeinhin nicht eine rein anschauende und beschreibende, sondern eine erklärende Wissenschaft par excellence darstelle: „Sobald wir Wissenschaft – handle es sich nun um Wissenschaften der äußeren oder der inneren Erfahrung – nicht mehr als bloß beschreibend, sondern als erklärend zu betrachten bemüht sind, sind wir unweigerlich auf Verknüpfung der in Erfahrung gegebenen, oder besser gesagt durch Erfahrung festgestellten Phänomene mit dem Leitseil von Ursache und Wirkung angewiesen.

Die Geschichte aber wird niemals zum Rang einer beschreibenden Wissenschaft sich erheben. Schon im Begriff des Geschehens liegt der Hin-

---

[215] Lessing, Theodor: Geschichte als Sinngebung des Sinnlosen oder die Geburt der Geschichte aus dem Mythos, S.193f.
[216] Ebd., S.194.
[217] Lessing, Theodor: Geschichte als Sinngebung des Sinnlosen, S.37.

weis auf Kausalität. Man hat daher jedes Denken an Hand von Kausalität historisches Denken genannt."[218]

Obwohl Lessing an dieser Stelle der Geschichte die Möglichkeit abzusprechen scheint, rein deskriptiv oder anschauend zu verfahren, zeichnet er immer wieder, wie z.B. in Form einer ästhetischen Historie, das Bild einer solchen. Sie stellt für ihn anscheinend ein Ideal dar, das man zwar nie ganz, aber vielleicht partiell erreichen kann. Auch in dem Kapitel, welches der historischen Kategorie der Kausalität gewidmet ist, findet sich ein derartiger Passus: „Im selben Maße, als Geschichte auf Anschauung sich beschränken und der kausalen Unterstellung entraten kann, verdient sie höheres Vertrauen, ja sogar in höherem Maße den Namen Wissenschaft als die pragmatische Geschichte der Völker und Staaten, welche erklären will, wie ein Zustand aus dem andern hervorgegangen ist und wie wir uns den Zusammenhang der Ereignisse zu denken haben."[219]

Der tiefere Grund für Lessings Vorbehalte gegen eine Geschichtswissenschaft, die sich der genauen Untersuchung und Erforschung derjenigen Motive widmet, aus denen heraus sich z.B. das Handeln historischer Persönlichkeiten erklären lassen soll, liegt in seiner Auffassung begründet, nach der die vermeintlichen Motive oder Ursachen Wunschprojektionen des Historikers sind. Nur das Bild, das der Historiker von einer bestimmten Person oder Handlung habe, bestimme seine Auffassung hinsichtlich des zu Grunde liegenden Motivs. Selbst die Motive seines eigenen Handelns sehe er verzerrt: „Der Historiker kann nämlich nicht einmal von der schlichtesten Handlung des eigenen Ich mit Gewißheit sagen, aus welchem >Motive< sie geschah oder daß sie überhaupt aus einem Motiv geschah, sondern der handelnde Mensch enttaucht einem Chaos von Möglichkeiten und logifiziert von nachhinein sein Handeln, indem er es auf ein einzelnes, bewußtes, seinem Wunsch oder Urteil über die Handlung entsprechendes >Motiv< abschiebt. Die Motivation betrifft also nicht die Handlung als solche, sondern das Bild, welches die Handlung ins Bewußtsein wirft."[220]

---

[218] Ebd., S.36.
[219] Ebd., S.37.
[220] Ebd., S.42.

Obwohl es zweifelsohne richtig ist, dass kein Historiker vollends davor geschützt sein wird, sich bei der Feststellung eines Handlungsmotivs zu sehr von seiner Bewertung einer historischen Persönlichkeit bzw. ihrer Handlung leiten zu lassen, ist in diversen Fällen eine annähernd genaue Feststellung des Motivs einer Handlung sicherlich möglich. Lessing offenbart dem Leser in dieser Sache einen allzu überspitzen Skeptizismus.

Wesentlich nachvollziehbarer und sinnvoller ist die seinem nominalistischen Standpunkt entstammende Ablehnung, einem abstrakten Gebilde wie Volk oder Staat eine bestimmte Motivation zuzuschreiben: „Alle diese Erwägungen stellen klar, daß die Motivationsketten der Historiker vereinfachende Fiktionen sind. Die Gründe, aus denen der Geschichtschreiber Völkerschicksal werden läßt, sind nirgendwo anders >wirklich< als im Kopf derer, welche Geschichte stiften. Wo denn auch sollten sie sonst lebendig sein?, da ja die Wesen, um deren Motivation es sich handelt, die Abstrakta Volk, Staat, Nation, Partei usw. eben gedacht sind."[221]

Trotz seiner harschen Kritik an den in seinen Augen fiktiven Motivationsketten der Geschichtsschreiber, auf welche diese zu Unrecht ihren Anspruch auf objektive Wissenschaftlichkeit gründeten, attestiert Lessing dem Menschen einen unaufhörlichen Drang danach, eine Ordnung, einen Zusammenhang allen Geschehens nach dem Prinzip von Ursache und Wirkung zu stiften. Es sei durchaus ein charakteristisches Merkmal des Menschen, dass dieser mit dem Undurchsichtigen und Dunklen, dem Ungeordneten und Sinnlosen nur schwer umgehen könne. Hüsgen formuliert in diesem Kontext: „Es ist ihm [dem Menschen] unmöglich mit der Einsicht in die totale Sinn- und Wertlosigkeit der Geschichte zu leben. Alle Kräfte müßten erlahmen, jede Lebensfreude ersticken, wenn diese Erkenntnis zum Fundament des Lebensgefühls würde. Da aber im Menschen der Wille zum Leben dominiert, werden sich Kräfte in ihm regen, die diese deprimierende Ansicht überwinden, abändern, sie ihres quälenden Stachels berauben wollen. Die brennende Wunde muß heilen. Dem offenbar Sinnlosen muß ein Sinn gegeben werden, das Sinnlose soll

---

[221] Ebd., S.46f.

sich in einen sinnvollen und erträglichen Zusammenhang verwandeln."²²²

Die Schaffung von kausalen Zusammenhängen in Bezug auf mehr oder weniger durchschaubare Geschehnisse der Vergangenheit sei, so Lessing, nichts anderes als eine „Forderung der Vernunft".²²³

Seine historische Kategorienlehre, seine „Erkenntniskritik der Geschichte" beschließt Lessing unter dem nachdrücklichen Hinweis darauf, „[...] daß es dem Menschengeiste unmöglich wäre, geschichtliche Wirklichkeiten ohne Sinn vorzustellen, weil Bewußtseins-Wirklichkeit schon Gestaltet-sein in sich schließt."²²⁴

2.) Die Psychologie der „Sinngebung des Sinnlosen"

Wesentlich für Lessings Begriff der nachträglichen Sinngebung ist seine Auffassung, wonach sich hinter dem menschlichen Bedürfnis nach Stiftung einer Ordnung hinsichtlich des Vergangenen anhand des Kausalitätsprinzips ein Akt des *moralischen* Wertens verbergen soll. Mit anderen Worten: Hinter dem augenscheinlich nüchtern sachlichen Feststellen einer Ursache oder eines geschichtlichen Motivs verbirgt sich nach Lessing in Wahrheit die Zuweisung einer Schuld.

Auf die Spur derartiger Zusammenhänge hätten ihn, so Lessing, zunächst sprachliche Reflexionen geführt. Bei dem griechischen „αἰτία", dem lateinischen „causa" und auch dem deutschen „Grund" handele es sich um Begriffe, die ursprünglich nicht im Sinne rein logischer Bestimmung, sondern mit einem Hauch von Anklage im Sinne von „entgegenstehend" oder schuldig verwendet worden seien. Außerdem existierten einige Sprachen – als Beispiel führt Lessing hier das Chinesische an – in welchen der Schuld- und der Ursachenbegriff zusammenfielen und es gar keinen eigenen moralischen Schuldbegriff gäbe. Dies sei für ihn ein erster Hinweis darauf gewesen, dass das logische Ordnen womöglich moralischen Ursprungs sei.

---

[222] Hüsgen, Hans Dieter: Geschichtsphilosophie und Kulturkritik Theodor Lessings, S.25.
[223] Lessing, Theodor: Geschichte als Sinngebung des Sinnlosen, S.38.
[224] Ebd., S.83.

Zudem hätten ihn auch Beobachtungen psychologischer Art in seiner Auffassung bestärkt: „Wenn Unglücksfälle, Krankheiten, Beschwerden, Notstände eines Individuums die Umgebung zur Anteilnahme herausfordern, so macht sich in dieser alsbald das Bestreben geltend, den Grund des Notstandes aufzusuchen oder, wie man im Deutschen sagt, >nachzusehen, woran denn die Schuld liege<. Überall fordert der Notstand und die Hemmung innerhalb gewohnten Seelenabflusses, das heißt innerhalb des Gewohnheitsablaufes von Vorstellungen zur Aussonderung der Ursache, das heißt des störenden oder abzustellenden Faktors heraus. Ist nun aber diese Ursache entdeckt, so tritt auch eben damit eine Beruhigung oder Entlastung ein. Kann die Umgebung beim Notstande eines ihrer Mitglieder erst sagen: >Hättest du nicht...< oder >Wärest du nur...< oder >Hättest du bedacht, daß...<, so ist die Schuld auf die leidende Person abgeschoben und die zur Tätigkeit oder Teilnahme herausgeforderten andern können – sich beruhigen."[225]

Dieses Bedürfnis nach Beruhigung äußert sich für Lessing in besonders drastischer Form dann, wenn Menschen die Verantwortung für eigene unmoralische Handlungen auf andere Personen oder Institutionen abschieben, um „guten Gewissens" in ihrem Treiben fortfahren zu können. Wie an vielen Stellen seines Textes spürt man auch in diesem Zusammenhang sehr deutlich, wie stark die Eindrücke des Ersten Weltkrieges in dieses Anti-Kriegsbuch einfließen und möglicherweise für das überzogen Wirkende an so mancher These mit ursächlich sind. Lessing ist der Auffassung, „[...] daß alles Moralische oder Soziale recht wohl eine Art Abwälzen von Verantwortlichkeit, ein Sichentbindenwollen von Selbstgesetzgebung der Vernunft, ja ein Sichentschämen der Person (und somit ein Vorwand der Nichtethik) sein könne. Überall gehört es zu den Schutzwehren der Schwäche, daß Handlungen, die sie aus sich selbst nicht verantworten kann, >im Namen von< begangen werden. So legitimiert der Massenwahnsinn alle die hemmungslosen Instinkte jener, die im eigenen Namen ihre Triebe nicht verantworten können; ja er benötigt und organisiert diese Triebe, ein Umstand, der nicht wenig dazu beiträgt, daß Epochen allgemeiner Barbarei, wie die gegenwärtige, als die großen Epochen der Geschichte begrüßt werden."[226] [227]

---

[225] Ebd., S.56f.
[226] Ebd., S.57f.
[227] Es wird dem kundigen Leser wohl kaum entgangen sein, dass derartige Gedanken Lessings, in welchen das (vermeintlich) Moralische als Instrument zu ganz

Auch wenn Lessing es nur als Möglichkeit bezeichnet und sich nicht in *apodiktischer* Weise dahingehend äußert, dass „[...] *alle* wissenschaftlichen Kausalketten viel zu schnelle Abwälzungen und Beruhigungen [...]."[228] sind, so ist er dennoch der Ansicht, dass „[...] in jeder *historischen* Kausalität etwas von dem alten Schuldgeben und Schuldsuchen, das heißt ein pathisch-anthropopathisches Element, welches Geschichte von aller strengen, das heißt gefühls- und willensfreien Wissenschaft für immer abtrennt"[229] steckt.

Dabei muss es nach Lessing nicht immer so sein, dass Schuld stets auf fremde Personen oder generell auf ein Äußeres projiziert wird, welchen Sachverhalt er mit dem Terminus „Sündenbockkausalität" belegt. Es geschehe vielmehr ebenso häufig, dass eine Ursache im Sinne von „Schuld" in der eigenen Person des Feststellenden gesucht werde. Historische Kausalität zerfalle daher in zwei Modi: „[...] in die Sündenbockkausalität und in die Versündigungskausalität."[230]

In einem „Über vaticinia post eventum"[231] betitelten Kapitel seines Buches liefert Lessing eine zwar trivial erscheinende, aber dennoch in gewisser Weise zutreffende Erklärung für den Umstand, dass oftmals auch große Katastrophen oder Kriege, bei denen massenhaft Menschen zu Tode kommen, trotz aller Schrecklichkeit im Nachhinein als sinnvoll betrachtet werden. Er weist darauf hin, dass die schriftliche Aufzeichnung derartiger Ereignisse naturgemäß von denjenigen vollzogen werde, die ein solches lebendig überstanden hätten: „Dabei können denn freilich Not, Tod, Pein und Untergang unmöglich sinnvoll sein für diejenigen,

---

anderen, nicht-moralischen Zwecken vorgestellt wird, in gewisser Hinsicht eine Affinität zu Nietzsches später Schrift *Zur Genealogie der Moral* haben. In dieser wird beispielsweise eine Moral christlicher Ausprägung als Ausdruck des Ressentiments der von Natur aus Schwachen gegen die, wie Nietzsche sie nennt, Vornehmen und Starken betrachtet (also auch hier wird eine [mehr oder weniger bewußte] Instrumentalisierung des Moralischen thematisiert).

Obwohl ein Vergleich der Gedanken Nietzsches und Lessings unter diesem Aspekt durchaus interessant und sinnvoll wäre, kann ein solcher in dieser Abhandlung, die in der Hauptsache einen Vergleich der *Zweiten Unzeitgemässen Betrachtung* Nietzsches mit Lessings Reflexionen über Geschichte zum Gegenstand hat, nicht geleistet werden.

[228] Lessing, Theodor: Geschichte als Sinngebung des Sinnlosen, S.58.
[229] Ebd., S.58.
[230] Ebd., S.58.
[231] Ebd., S.61.

die daran unterliegend zugrunde gingen. Aber sie sind ausnahmslos sinnvoll für diejenigen, die als Überlebende diese Ereignisse von nachhinein auf ihr Überlebenbleiben beziehen müssen.

Nun aber wird Geschichte bekanntlich nur von Überlebenden geschrieben. Die Toten sind stumm. Und für den, der zuletzt übrig bleibt, ist eben alles, was vor ihm dagewesen ist, immer sinnvoll gewesen, insofern er es auf seine Existenzform bezieht und beziehen muß, d.h. sich selbst und sein Sinnsystem eben nur aus der gesamten Vorgeschichte seiner Art begreifen kann. Immer schreiben Sieger die Geschichte von Besiegten, Lebengebliebene die von Toten."[232]

In seinen Vorbemerkungen zum zweiten Buch von *Geschichte als Sinngebung des Sinnlosen*, der „Psychologie der Geschichte", macht Lessing noch einmal deutlich, dass er dem menschlichen Gedächtnis ein (wenn auch zumeist unbewusstes) schöpferisches Vermögen zuschreibt und in seinen Augen auch hinter der Geschichtsschreibung niemals nur das nüchterne Sicherinnern und Festhalten der Vergangenheit stehen könne, „[...] sondern eine aller wissenschaftlichen Formulierung unzugängliche, geheimnisreiche, produktive Leistung der Phantasie, worin Erhaltungs- und Ausheilungswille, Wunscherfüllung, Sehnsucht oder Hoffnung sich bewähren."[233]

Der Möglichkeit des rein sachlichen, objektiven Festhaltens von Erlebtem, der Möglichkeit, dass sich, wie Nietzsche es formuliert, die Erlebnisinhalte „[...] auf einem reinen Passivum abzeichnen, abkonterfeien, abphotographiren"[234], steht nach Lessing permanent die „Sucht, Erlebtes zu gestalten"[235] entgegen. Für ihn ist in den dem Historiker vorliegenden Geschichtsquellen und historischen Zeugenaussagen dieses Moment des subjektiven Gestaltens stets präsent: „Diese Sucht, ein Erlebnis, in das man mit einverschlungen ist, für sich oder andere vergegenständlicht zu sehn, ist im Durchschnitt sogar stärker als der Trieb nach Abenteuer und Erlebnis selbst [...] Der Hang, die historischen Ereignisse abrundend zu formulieren, überholt oft die Ereignisse selbst."[236] Neben den hinzu-

---

[232] Ebd., S.62f.
[233] Ebd., S.87.
[234] Nietzsche, Friedrich: Sämtliche Werke, KSA, Bd.1, S.290.
[235] Lessing, Theodor: Geschichte als Sinngebung des Sinnlosen, S.88f.
[236] Ebd., S.89.

kommenden „Erdichtungen" desjenigen, der sie auswertet, liegt für Lessing bereits in dieser „Unsicherheit" der historischen Quellen die Unmöglichkeit einer Geschichte als annähernd exakter Wissenschaft begründet.

Für die wichtigste psychologische Implikation der „logificatio post festum" hält Lessing dasjenige, was er als das Phänomen der „Notwendigkeitsbilligung" bezeichnet. Er spricht damit jene Neigung des Menschen an, etwas, was er ohnehin nicht verhindern oder ändern kann, nicht nur „zähneknirschend" hinzunehmen, sondern sogar als Weg des Schicksals oder als Weisung einer höheren Vernunft zu bejahen. In diesem, von Lessing als „Grunderlebnis der Religion"[237] bezeichneten Phänomen, äußere sich in Wahrheit eine Form des menschlichen Selbsterhaltungstriebes. Es handle sich um das Erträglichmachen letzter Gebundenheitsgefühle und möglicherweise um die Unterhaltung eines Geborgenheitsglaubens, in welchem die Aktivität des Menschen, seine Handlungsfähigkeit wurzele. Im Übermaß einer derartigen „Liebe" zum Faktischen und Tatsächlichen, für die ein jeder nur denkbare Status quo notwendig und damit auch gerechtfertigt sein kann, erkennt Lessing allerdings die Gefahr des Verschwindens einer jeglichen Moral: „Alles menschliche Trotzen, Aburteilen, Auswerten taucht unter in billigende Hingabe an Notwendigkeit der Geschichte. Das ist die Sackgasse, in welcher nicht nur die alte Moral, sondern jegliche Moral schlechthin erlischt. Und mit der Möglichkeit aller Ethik auch die Möglichkeit denkenden Lebens! Denn was will der Mensch nun noch? Es stünde gar nicht in seiner Macht, irgendetwas am Weltall zu verändern, sondern alles, was von ihm gefordert werden kann, ist das nachträgliche Janicken zu den brutalen Tatsachen, die auch ohne dieses Janicken sich erfüllen müssen."[238]

Die Erfahrung des Ersten Weltkrieges hatte Lessing gezeigt, wie sehr sich die in einem Staate herrschenden Machteliten mit Hilfe ihrer intellektuellen Propagandisten, Lessings vermeintlich kulturschaffender Kollegen, besagte menschliche Tendenz zu Nutze machen können, um ihre Macht zu sichern bzw. durch einen unzählige Menschenopfer fordernden Krieg zu erweitern. In seiner Autobiographie *Einmal und nie wieder* schreibt Lessing dazu: „Das leitende Gesetz der Geschichte ist

---

[237] Ebd., S.152.
[238] Ebd., S.155.

(so nannte ich es): die logificatio post festum, das >Sinngeben von Nachhinein<. Diesem Kulte der Tatsache dienen die Drohnen der Kultur, der öffentlichen Meinung: Zeitungsschreiber, Professoren, Literaten. Sie sorgen dafür, daß die jeweils herrschende Macht und Gewalt auch ein Recht, auch einen Sinn sich erschleicht. Denn anders hielten Menschen ihr Leben nicht aus. Sie müssen lügen! Und so bleibt es, bis die Menschheit von der Geschichte selber befreit ist, das will sagen von aller Willkür und Selbstsucht des Nur-Persönlichen."[239]

Es gehört sicherlich zu Lessings wesentlichen Intentionen im Zusammenhang mit seinem Buch *Geschichte als Sinngebung des Sinnlosen*, dem menschlichen Glauben an die Notwendigkeit und Unvermeidbarkeit eines bestimmten Geschichtsverlaufs und einer daraus resultierenden Rechtfertigung alles Faktischen entgegenzuwirken. Wie auch Nietzsche dies in seiner Historienschrift tut, wenn auch in anderer Weise und mit anderer Intention, arbeitet Lessing einer menschlichen Passivität und Untätigkeit entgegen. Er fordert vom Menschen, nicht unter dem Hinweis darauf, dass dies schicksalhaft so geschehen müsse, praktiziertem Unrecht und einer Missachtung menschlichen Lebens nur tatenlos zuzusehen. Beinahe hat es den Anschein, als verbinde Lessing mit seinem aufklärerischen Unternehmen die Hoffnung auf eine friedlichere Welt: „Alles Heil der Zukunft erwarten wir von Zertrümmerung des Geschichtswahns."[240]

Interessant ist, wie deutlich bereits Nietzsche in *Vom Nutzen und Nachtheil der Historie für das Leben* die Gefahr anspricht, der später Theodor Lessing so vehement entgegentreten sollte. Nietzsche schreibt: „Wer aber erst gelernt hat, vor der ‚Macht der Geschichte' den Rücken zu krümmen und den Kopf zu beugen, der nickt zuletzt chinesenhaftmechanisch sein ‚Ja' zu jeder Macht, sei dies nun eine Regierung oder eine öffentliche Meinung oder eine Zahlen-Majorität, und bewegt seine Glieder genau in dem Takte, in welchem irgend eine ‚Macht' am Faden zieht. Enthält jeder Erfolg in sich eine vernünftige Nothwendigkeit, ist jedes Ereigniss der Sieg des Logischen oder der ‚Idee' – dann nur hurtig nieder auf die Kniee und nun die ganze Stufenleiter der ‚Erfolge' abge-

---

[239] Lessing, Theodor: Einmal und nie wieder, S.207.
[240] Lessing, Theodor: Geschichte als Sinngebung des Sinnlosen, S.85.

kniet!"²⁴¹ An anderer Stelle heißt es: „So seid ihr die Advocaten des Teufels und zwar dadurch, dass ihr den Erfolg, das Factum zu eurem Götzen macht: während das Factum immer dumm ist und zu allen Zeiten einem Kalbe ähnlicher gesehen hat als einem Gotte."²⁴² Tugendhaft ist für Nietzsche derjenige, der sich gegen „[...] jene blinde Macht der Facta, gegen die Tyrannei des Wirklichen empört und sich Gesetzen unterwirft, die nicht die Gesetze jener Geschichtsfluctuationen sind."²⁴³

Dabei lässt Nietzsche keinen Zweifel daran aufkommen, wen er für den „Vater" jener „Apologeten des Tatsächlichen"²⁴⁴ hält: Georg Wilhelm Friedrich Hegel. In den Augen Nietzsches „[...] hat er [Hegel] in die von ihm durchsäuerten Generationen jene Bewunderung vor der ‚Macht der Geschichte' gepflanzt, die praktisch alle Augenblicke in nackte Bewunderung des Erfolges umschlägt und zum Götzendienste des Thatsächlichen führt: für welchen Dienst man sich jetzt die sehr mythologische und ausserdem recht gut deutsche Wendung ‚den Thatsachen Rechnung tragen' allgemein eingeübt hat."²⁴⁵

Auch nach Nietzsche sind derartige und ähnliche Vorwürfe gegen Hegel erhoben worden. In der Vorrede zu Hegels *Grundlinien der Philosophie des Rechts* findet sich jenes berühmte und einen wichtigen Aspekt seines Philosophierens ausdrückende Zitat, dessen zweiter Teil immer wieder als Aufhänger für den Vorwurf an Hegel Verwendung fand, dieser habe versucht, in seiner Funktion als „preußischer Staatsphilosoph", den existierenden preußischen Staat und somit auch seine Machthaber philosophisch zu rechtfertigen: „Was vernünftig ist, das ist wirklich; *und was wirklich ist, das ist vernünftig.*"²⁴⁶

Was Nietzsche angeht, muss in diesem Kontext darauf hingewiesen werden, dass dieser derartige Vorwürfe gegen Hegel erhebt, ohne sich jemals intensiver mit dessen Schriften auseinandergesetzt zu haben. In

---

[241] Nietzsche, Friedrich: Sämtliche Werke, KSA, Bd.1, S.309.
[242] Ebd., S.310.
[243] Ebd., S.311.
[244] Ebd., S.310.
[245] Ebd., S.309.
[246] Hegel, Georg Wilhelm Friedrich: Grundlinien der Philosophie des Rechts oder Naturrecht und Staatswissenschaft im Grundrisse; in: Hegel, Georg Wilhelm Friedrich: Werke in 20 Bänden, auf der Grundlage der Werke von 1832-1845 neu ed. Ausg., Bd. 7, Frankfurt am Main ⁵1996. S.24.

seinem Aufsatz *Geschichtlichkeit bei Hegel und Nietzsche* macht Volker Gerhardt auf diese Tatsache aufmerksam: „Denn Nietzsche hat Hegel so gut wie gar nicht gelesen, er bemüht sich nirgendwo eingehend um ein gründliches Verständnis, sondern beläßt es stets bei pauschalen Urteilen und wertet ihn darin, von einigen Ausnahmen abgesehen, fortgesetzt ab."[247] Ohne genaue Kenntnis des Hegelschen Werkes und maßgeblich beeinflusst durch die kritischen Positionen Burckhardts sowie die überzogenen Beschimpfungen Schopenhauers gegen Hegel, stimmt Nietzsche hier in den Kanon einer gängigen, mehr oder weniger differenzierten Hegel-Kritik mit ein.

Es mutet wie ein Bruch im Denken des Philosophen an, wenn der gleiche Nietzsche, der in seiner *Zweite[n] Unzeitgemässe[n] Betrachtung* den „Götzendienste des Thatsächlichen" moniert und sich als Kritiker eines fatalistischen Denkens zu erkennen gibt, später Sätze wie die folgenden schreibt: „Meine Formel für die Grösse am Menschen ist *amor fati*: dass man Nichts anders haben will, vorwärts nicht, rückwärts nicht, in alle Ewigkeit nicht. Das Nothwendige nicht bloss ertragen, noch weniger verhehlen – aller Idealismus ist Verlogenheit vor dem Nothwendigen –, sondern es *lieben* […]."[248]

Im Kapitel „Geschichte als Erlösung von Wirklichkeit" konfrontiert Lessing den Leser mit seiner Hypothese, nach welcher der Vorgang der Erkenntnis oder Bewusstmachung erlebten Lebens wohl einen Akt der Befreiung von demselben in sich schließe. Dass er in diesem Zusammenhang von „*Abtötung* des Lebens"[249] spricht, verstärkt die Affinität zu dem oben angeführten Gedanken Nietzsches: „Ein historisches Phänomen, rein und vollständig erkannt und in ein Erkenntnissphänomen aufgelöst, ist für den, der es erkannt hat, *todt* […]."[250]

Lessing geht davon aus, dass durch die rationale Bearbeitung bzw. begriffliche Fixierung eines Erlebnisses diesem seine Lebendigkeit und damit auch, wenn es sich um ein für den Erlebenden negatives Erlebnis handelt, Bedrohlichkeit genommen wird. Das heißt, dass hinter sachlich

---

[247] Gerhardt, Volker: Geschichtlichkeit bei Hegel und Nietzsche; in: Nietzsche und Hegel, hrsg. von Mihailo Djuric und Josef Simon, Würzburg 1992, S.29.
[248] Nietzsche, Friedrich: Sämtliche Werke, KSA, Bd.6, S.297.
[249] Lessing, Theodor: Geschichte als Sinngebung des Sinnlosen, S.155.
[250] Nietzsche, Friedrich: Sämtliche Werke, KSA, Bd.1, S.257.

historischer Analyse die Möglichkeit einer Loslösung, einer Befreiung steht. Geschichte übernimmt dann die Funktion eines Therapeutikums: „Daraus nun schließe ich auf eine Heilkraft der geschichtlichen Selbstbesinnung! Und diese scheint mir der eigentliche Kern alles Interesses an Geschichte zu sein, so daß wir also in der Geschichte nicht so sehr die Wiedergabe des wirklichen Lebens, als einen Vorgang der Befreiung von diesem Leben vermittels seiner Wiedergabe und Verwirklichung zu suchen hätten."[251]

---

[251] Lessing, Theodor: Geschichte als Sinngebung des Sinnlosen, S.156.

X. Nietzsches und Lessings Interpretation des Fortschrittsbegriffes

1.) Christliches Heilsgeschehen und moderne Geschichtsphilosophie

Im Jahre 1953 erscheint in Deutschland erstmals Karl Löwiths Buch *Weltgeschichte und Heilsgeschehen. Die theologische Voraussetzungen der Geschichtsphilosophie*, welches sein in den USA lebender Autor ebenda bereits 1949 unter dem Titel *Meaning in History* veröffentlicht hatte. Die thematische Nähe dieses Textes zu Theodor Lessings *Geschichte als Sinngebung des Sinnlosen* wird bereits bei der Lektüre des Vorwortes deutlich, in welchem Löwith als eigentliches Anliegen seines Buches die Erörterung der Frage angibt, ob sich das Sein und der Sinn der Geschichte aus ihr selbst bestimmen lasse und wenn nicht, woraus dann. Hinsichtlich dieser Frage kommt Löwith zu einem ähnlichen Ergebnis wie Theodor Lessing. Er formuliert: „Das Problem der Geschichte ist innerhalb ihres eigenen Bereichs nicht zu lösen. Geschichtliche Ereignisse als solche enthalten nicht den mindesten Hinweis auf einen umfassenden, letzten Sinn. Die Geschichte hat kein letztes Ergebnis."[252]

Auch für Löwith steht fest, dass es der Mensch ist, der die Vorstellung von Sinnhaftigkeit auf den Geschichtsverlauf projiziert. Die Wurzel der Annahme moderner Geschichtsphilosophie, die Geschichte sei ein Prozess des Fortschreitens bzw. der Perfektibilität und daher sinnvoll, erkennt er im christlichen Glauben an ein Heilsgeschehen, welcher in seiner säkularisierten Form weiterexistiere.

Die strukturelle Ähnlichkeit von christlicher Geschichtsauffassung und modernem Fortschrittsdenken liegt für Löwith vor allem darin, dass die Vergangenheit als „Versprechen der Zukunft"[253] betrachtet und vergangene Ereignisse als sinnvolle Vorbereitung des Zukünftigen angesehen werden. Das „Versprechen der Zukunft" erscheint im Christentum als Prophezeiung des Weltendes in Form des Jüngsten Gerichts und der bevorstehenden Wiederkehr Jesu Christi. Die Zeit vor diesem Ereignis

---

[252] Löwith, Karl: Weltgeschichte und Heilsgeschehen. Die theologischen Voraussetzungen der Geschichtsphilosophie, Stuttgart/Berlin/Köln [8]1990. S.175.
[253] Ebd., S.15.

wird auf dieses Ende hin ausgelegt und die Zukunft ist damit, so Löwith, der „[...] wahre Brennpunkt der Geschichte."[254] Das moderne Geschichtsdenken habe diese Sicht des Neuen Testaments, den Glauben an eine künftige Erfüllung der Zeit *jenseits* des geschichtlichen Lebens, in den Glauben an eine Erfüllung *innerhalb* des geschichtlichen Lebens verwandelt. Die Annahme einer Erfüllung bzw. eines Erfüllungsprozesses *innerhalb* des geschichtlichen Lebens unter Verlust des Glaubens an eine göttliche Vorsehung ist für Löwith das entscheidende Moment der Säkularisierung, da das christliche Heilsgeschehen keinen Fortschritt, in Form einer wie auch immer gearteten Verbesserung der Menschheit oder des menschlichen Zusammenlebens diesseits des Weltendes impliziert. Das baldige Eintreten dieses Endes ist ja nach biblischer Auffassung gerade nicht durch Verbesserung, sondern durch flächendeckende Verfallserscheinungen und weltumspannende Katastrophen gekennzeichnet.

In *Weltgeschichte und Heilsgeschehen* beschreibt Löwith, dass vormals nicht nur dem *christlichen* Denken der Glaube an den Fortschritt fremd war: „Wenn das biblische und griechische Denken über Geschichte irgendwo übereinstimmen, so in der Freiheit von der Illusion des Fortschritts. Der christliche Glaube an das unberechenbare Eingreifen der göttlichen Vorsehung, verbunden mit dem Glauben, die Welt könne plötzlich an ihr Ende gelangen, hatte dieselbe Wirkung, wie die griechische Lehre von wiederkehrenden Kreisläufen des Wachsens und Vergehens, nämlich die Wirkung, das Aufkommen eines Glaubens an einen unbegrenzten Fortschritt zu verhindern. Da sowohl das Heidentum wie das Christentum religiös, mithin auch abergläubisch waren, lebten beide im Angesicht von unberechenbaren Mächten und unsichtbaren Gefahren, die hinter allem menschlichen Tun und Erreichen lauern. Wäre einem Griechen der Fortschrittsgedanke dargeboten worden, so würde er ihn als irreligiös verworfen haben, weil er der kosmischen Ordnung zuwider läuft und sich ihr widersetzt. Bei einem strenggläubigen Christen des neunzehnten Jahrhunderts hatte er die gleiche Wirkung [...]."[255]

Obgleich Karl Löwith wohl als einer der ersten Philosophen den Gedanken der theologischen Voraussetzungen geschichtsphilosophischen Denkens systematisch entfaltet hat – in seinem Buch verfolgt er den Weg

---

[254] Ebd., S.25f.
[255] Ebd., S.182f.

zurück von Burckhardts Geschichtsdenken über Hegel und Augustinus bis hin zur biblischen Auslegung der Geschichte – findet sich besagtes Motiv bereits in Nietzsches Historienschrift. In einer von einem gesetzmäßigen Entwicklungsprozess ausgehenden Geschichtsauffassung – gemeint ist hier wohl vor allem Hegels Geschichtsphilosophie – erkennt Nietzsche die Struktur eschatologischer Vorstellungen des christlichen Mittelalters wieder, die er für anachronistisch zu halten scheint: „Was wollen denn ein Paar Jahrtausende besagen (oder anders ausgedrückt der Zeitraum von 34 aufeinanderfolgenden, zu 60 Jahren gerechneten Menschenleben), um im Anfang einer solchen Zeit noch von ‚Jugend', am Schlusse bereits von ‚Alter der Menschheit' reden zu können! Steckt nicht vielmehr in diesem lähmenden Glauben an eine bereits abwelkende Menschheit das Missverständnis einer, vom Mittelalter her vererbten, christlich theologischen Vorstellung, der Gedanke an das nahe Weltende, an das bänglich erwartete Gericht? Umkleidet sich jene Vorstellung wohl durch das gesteigerte historische Richter-Bedürfnis, als ob unsere Zeit, die letzte der möglichen, selbst jenes Weltgericht abzuhalten befugt sei, welches der christliche Glaube keineswegs vom Menschen, aber von ‚des Menschen Sohn' erwartete?"[256]

An anderer Stelle schreibt Nietzsche der von ihm so bezeichneten „historische[n] Macht" einen quasireligiösen Status zu und erweckt damit den Anschein, als zweifle er daran, dass sich eine wirkliche Säkularisierung vollzogen hat: „Was, es gäbe keine herrschenden Mythologien mehr? Was, die Religionen wären im Aussterben? Seht euch nur die Religion der historischen Macht an [...]."[257] In Anbetracht dieser Erkenntnis schreibt er in resignativ anmutender Weise: „In diesem Sinne leben wir immer noch im Mittelalter, ist Historie immer noch eine verkappte Theologie."[258]

In noch stärkerem Maße als Nietzsches *Zweite Unzeitgemässe Betrachtung* enthält Lessings *Geschichte als Sinngebung des Sinnlosen* Hinweise darauf, dass auch *sein* Verfasser jenen später von Löwith systematisch ausgearbeiteten Zusammenhang von christlichem Heilsgeschehen und geschichtsphilosophischem Prozess- bzw. Fortschrittsdenken sowie

---

[256] Nietzsche, Friedrich: Sämtliche Werke, KSA, Bd.1, S.303f.
[257] Ebd., S.309.
[258] Ebd., S.305.

überhaupt die Verbindung von Religion und Glauben mit einer bestimmten Geschichtsauffassung erkannte. Bereits der erste Satz des Buches enthält diesbezüglich eine Anspielung. Nach Lessings Ansicht ist seit Herodot „[...] immer wieder dieser *fromme Wahn* verkündet worden, daß Geschichte Vernunft und Sinn, Fortschritt und Gerechtigkeit widerspiegele."[259]

Eine starke Affinität zu Nietzsches Auffassung von der „historischen Macht" als einer Ersatzreligion und zu Löwiths These, nach welcher sich der christliche Glaube an eine *jenseits* bzw. nach dem Ende der Geschichte stattfindende Erfüllung der Zeit sozusagen verweltlicht hat und somit zum Glauben an historischen Fortschritt wurde, enthält die folgende Äußerung Lessings: „Somit handelt es sich für die Lehre von der historischen Entwicklung keineswegs (wie es in Deutschland viele weitbekannte Forscher darstellten) um den Kampf der Physik gegen Metaphysik, der Wissenschaft gegen das christliche Dogma, sondern es handelt sich um den Ersatz einer auf Nirwana und Jenseits hinzielenden Religiosität durch eine realistisch diesseitige und aktuellere Religion (eine Art Juchhechristentum, freudig-fortschrittlich, welches sowohl seine wissenschaftlichen Dogmen wie seine Pfaffen, Laien und Ketzerrichter längst besitzt)."[260]

Zudem klingt es wie eine Vorwegnahme der These Löwiths, wenn Lessing in seiner Zusammenfassung zur „Psychologie der Geschichte" formuliert: „Berauscht von nützlichen Findungen und Erfindungen, Leistungen der Technik und Aufschwüngen der Gewalt, von ungeheuren Völkervermehrungen berauscht, räumte Europa das Schwergewicht christlicher Symbole und religiöser Mythen beiseite bis auf einen Glauben, den Glauben an >Historischen Fortschritt< [...]."[261]

Schließlich erkennt auch Lessing, wie Nietzsche in seiner *Zweite[n] Unzeitgemässe[n] Betrachtung*, in der Hegelschen Philosophie Spuren mittelalterlicher Theologie wieder. Er schreibt: „Schon das Mittelalter schwärmte für den Gott, der sich der Welt einverleibt, um aus ihr heraus sich selbst gebären und im Haupt des Menschen vom Stoff befreien zu

---

[259] Lessing, Theodor: Geschichte als Sinngebung des Sinnlosen, S.12.
[260] Ebd., S.141.
[261] Ebd., S.185.

können [...] Die Erbin dieser uralt rationalen optimistischen Metaphysik wurde der Hegelsche Historizismus [...]."²⁶²

2.) Nietzsches und Lessings Kritik der modernen Fortschrittsidee

Es ist klar, dass sich Nietzsches Beschäftigung mit Fortschrittsideen unterschiedlichster Ausprägung und einer daraus erwachsenen kritischen Position keinesfalls nur auf die Zeit der *Unzeitgemässe[n] Betrachtungen* beschränkt. Als Beispiel sei in diesem Zusammenhang Nietzsches Gedanke von der „Ewigen Wiederkehr des Gleichen" angeführt, dem er in der ersten Hälfte der achtziger Jahre kraft seines Textes *Also sprach Zarathustra* in dichterischer Weise Ausdruck verleiht und mit dem er sich deutlich von der Auffassung eines linearen und einen Fortschritt offenbarenden Geschichtsverlaufs distanziert. Wie dies Zachriat in seiner unlängst veröffentlichten Arbeit *Die Ambivalenz des Fortschritts. Friedrich Nietzsches Kulturkritik* nachweist, ist es jedoch sowohl für die *Unzeitgemässe[n] Betrachtungen* als auch für einige der unveröffentlichten Texte aus dieser Zeit charakteristisch, dass sich Nietzsches Beschäftigung mit diesem Thema hier erstmals verdichtet: „Die Interpretation von Nietzsches veröffentlichten und unveröffentlichten Schriften zwischen 1872 und 1876 hat offenbart, daß er sich öfter als in seinen früheren Texten auf die Vorstellung des Fortschritts bezieht, wenngleich die explizite Verwendung des Fortschrittsbegriffs weiterhin eher selten ist. Ebenso wie in der Tragödienschrift ist seine Auseinandersetzung mit dem Fortschritt teils positiv und teils negativ konnotiert, wobei der Begriff bei den expliziten Erwähnungen zumeist negativ gebraucht wird."²⁶³

Beispielhaft für Zachriats These, wonach Nietzsche an den Stellen, an denen er ausdrücklich von „Fortschritt" spricht, diesen Begriff eher negativ besetzt, ist eine Stelle aus *Schopenhauer als Erzieher*. Dort beschreibt Nietzsche das geistige Milieu seiner Gegenwart, welches mit allen Mitteln die Entfaltung genialer Individuen von der Natur Schopenhauers zu verhindern bestrebt sei, mit folgenden Worten: „Die Welt, in die sie [die „großen" Menschen] jetzt eintreten, ist mit Flausen eingehüllt; das brauchen wahrhaftig nicht nur religiöse Dogmen zu sein, son-

---

[262] Ebd., S.186.
[263] Zachriat, Wolf Gorch: Die Ambivalenz des Fortschritts. Friedrich Nietzsches Kulturkritik, Berlin 2001, S.130.

dern auch solche flausenhafte Begriffe wie ‚Fortschritt', ‚allgemeine Bildung', ‚National', ‚moderner Staat', ‚Culturkampf'; ja man kann sagen, dass alle allgemeinen Worte jetzt einen künstlichen und unnatürlichen Aufputz an sich tragen, weshalb eine hellere Nachwelt unserer Zeit im höchsten Maasse den Vorwurf des Verdrehten und Verwachsenen machen wird – mögen wir uns noch so laut mit unserer ‚Gesundheit' brüsten."[264]

In *Vom Nutzen und Nachtheil der Historie für das Leben* ist es vor allem Hegel, für Nietzsche der „Fortschrittsphilosoph" schlechthin und wirkungsmächtiger Urheber einer teleologischen Geschichtsauffassung, an dessen Geschichtsphilosophie er seine Kritik an der Idee des historischen Fortschritts festmacht. Zudem polemisiert er in sehr ironischer Weise gegen den Verfasser der *Philosophie des Unbewußten*, Eduard von Hartmann, den er für den Prototypen eines „verflachten" Hegel-Epigonen hält.

Trotz der oben bereits angesprochenen, unzureichenden Textkenntnis in Bezug auf Hegels Werk ist an dieser Stelle anzumerken, dass Nietzsche wahrscheinlich den Text der Einleitung zu Hegels *Vorlesungen über die Philosophie der Geschichte* im Original gelesen hat. Darauf verweisen Gerhardt und Zachriat unter Hinweis auf eine briefliche Äußerung Nietzsches: „Zur Vorbereitung auf die zweite *Unzeitgemäße Betrachtung* hat Nietzsche dann doch noch einmal die offensichtlich nicht kurzweiliger gewordene Lektüre Hegels auf sich genommen und ein paar Stellen aus der *Einleitung in die Vorlesungen über die Philosophie der Geschichte* exzerpiert"[265]

„Höchstwahrscheinlich hat Nietzsche die Einleitung in die *Philosophie der Geschichte* gelesen."[266]

Die wesentliche Absicht besagter Einleitung ist die Darlegung des Prinzips, nach welchem sich Hegel zufolge der Verlauf der Weltgeschichte notwendigerweise vollziehen muss. Ausgehend von der grundsätzlichen Erkenntnis, dass die Vernunft die Welt beherrsche, habe sich aus der Betrachtung der Geschichte der Welt bzw. der Geschichte der Mensch-

---

[264] Nietzsche, Friedrich: Sämtliche Werke, KSA, Bd.1, S.407.
[265] Gerhardt, Volker: Geschichtlichkeit bei Hegel und Nietzsche, S.30.
[266] Zachriat, Wolf Gorch: Die Ambivalenz des Fortschritts, S.100.

heit – eine solche bildet den größten Teil seiner Abhandlung (Hegel beginnt dabei mit der alten chinesischen Hochkultur) – zu ergeben, dass es vernünftig in derselben zugegangen, d.h. dass sie der vernünftige, notwendige Gang des Weltgeistes gewesen sei. Es sei der Geist, dessen Natur sich zwar nicht verändere, der aber im Weltdasein diese seine Natur expliziere. Die Natur des Geistes, seine wesentliche Eigenschaft ist für Hegel die Freiheit. Während die Materie ihre Substanz, die Schwere, außer sich finde, habe der Geist seinen Mittelpunkt in sich selbst. Der Geist sei daher nicht abhängig in dem Sinne, dass er, wie die Materie, auf etwas anderes, außerhalb seiner selbst bezogen sei, sondern er müsse als Bei-sich-selbst-Sein und somit als frei aufgefasst werden. Es sei eine wichtige Erkenntnis der spekulativen Philosophie, dass sie die Freiheit als das einzig Wahrhafte des Geistes erkannt habe. Die Essenz seiner Abhandlung fasst Hegel in die Worte: „Die Weltgeschichte ist der Fortschritt im Bewußtsein der Freiheit – ein Fortschritt, den wir in seiner Notwendigkeit zu erkennen haben."[267]

Das Entscheidende an Hegels geschichtsphilosophischer Konzeption, die hier nur äußerst verkürzt dargestellt werden konnte, ist in diesem Zusammenhang Hegels Überzeugung eines Fortschritts innerhalb des Geschichtsverlaufes und eines Zieles der Geschichte. Es ist für ihn das Ziel des Geistes, sich dasjenige, was er an sich ist, nämlich Bei-sich-selbst-Sein, zu erarbeiten, sich sozusagen zu diesem Ziel hin zu entwickeln. Hegel schreibt: „Es ist also die Bestimmung der geistigen Welt und – indem diese die substantielle Welt ist und die physische ihr untergeordnet bleibt oder, im spekulativen Ausdruck, keine Wahrheit gegen die erste hat – als der *Endzweck der Welt* das Bewußtsein des Geistes von seiner Freiheit und ebendamit die Wirklichkeit seiner Freiheit überhaupt angegeben worden."[268]

Hegel, der als den „[…] Endzweck der Welt das Bewußtsein des Geistes von seiner Freiheit und ebendamit die Wirklichkeit seiner Freiheit überhaupt […]." begreift, konstatiert unter Anwendung seines Entwicklungsprinzips auf den tatsächlichen Gang der Geschichte einen geogra-

---

[267] Hegel, Georg Wilhelm Friedrich: Vorlesungen über die Philosophie der Geschichte; in: Hegel, Georg Wilhelm Friedrich: Werke in 20 Bänden, auf der Grundlage der Werke von 1832-1845 neu ed. Ausg., Bd.12, Frankfurt am Main ⁵1999, S.32.
[268] Ebd., S.32f.

phischen Verlauf, der sich in drei Stadien vollzieht: „Die Weltgeschichte geht von Osten nach Westen, denn Europa ist schlechthin das Ende der Weltgeschichte, Asien der Anfang [...] Hier geht die äußerliche physische Sonne auf, und im Westen geht sie unter: dafür steigt aber hier die innere Sonne des Selbstbewußtseins auf, die einen höheren Glanz verbreitet. Die Weltgeschichte ist die Zucht von der Unbändigkeit des natürlichen Willens zum Allgemeinen und zur subjektiven Freiheit. Der Orient wußte und weiß nur, daß *Einer* frei ist, die griechische und römische Welt, daß *Einige* frei seien, die germanische Welt weiß, daß *Alle* frei sind."[269]

Es ist vor allem der Gedanke einer *Vollendung* der Geschichte des Geistes mit Blick auf die Gegenwart, den Nietzsche für gefährlich hält und gegen den er polemisiert. Über das Niveau der Polemik und der nachdrücklichen Äußerung von Ablehnung gehen die Angriffe, die Nietzsche hier gegen Hegel führt, allerdings kaum hinaus: „Ich glaube, dass es keine gefährliche Schwankung oder Wendung der deutschen Bildung in diesem Jahrhundert gegeben hat, die nicht durch die ungeheure bis diesen Augenblick fortströmende Einwirkung dieser Philosophie, der Hegelischen, gefährlicher geworden ist. Wahrhaftig lähmend und verstimmend ist der Glaube, ein Spätling der Zeiten zu sein: furchtbar und zerstörend muss es aber erscheinen, wenn ein solcher Glaube eines Tages mit kecker Umstülpung als den wahren Sinn und Zweck alles früher Geschehenen vergöttert, wenn sein wissendes Elend einer Vollendung der Weltgeschichte gleichgesetzt wird."[270]

Auch hier findet sich die für die *Zweite Unzeitgemässe Betrachtung* so charakteristische Absicht Nietzsches wieder, das Vitale gegen das Geistige, das Handeln gegen das Wissen auszuspielen. Die Annahme einer geschichtlichen Vollendung („wissendes Elend") hält Nietzsche für „lähmend und verstimmend", d.h. für das Handeln und somit für das Vitale hemmend. Immer wieder scheint Nietzsches Präferenz des Vitalen gegenüber dem Logischen, des „Lebens" gegenüber dem Erkennen durch. Nach Nietzsche gilt es, das fundamentale Prinzip des „Lebens" vor einer bedrohlichen Dominanz des Logischen, des Wissens zu schützen, das wie ein Gift die vitale Daseinsgrundlage anzugreifen vermag:

---

[269] Ebd., S.134.
[270] Nietzsche, Friedrich: Sämtliche Werke, KSA, Bd.1, S.308.

„Ueberstolzer Europäer des neunzehnten Jahrhunderts, du rasest! Dein Wissen vollendet nicht die Natur, sondern tödtet nur deine eigene. Miss nur einmal deine Höhe als Wissender an deiner Tiefe als Könnender. Freilich kletterst du an den Sonnenstrahlen des Wissens aufwärts zum Himmel, aber auch abwärts zum Chaos. Deine Art zu gehen, nämlich als Wissender zu klettern, ist dein Verhängnis; Grund und Boden weichen in's Ungewisse für dich zurück; für dein Leben giebt es keine Stützen mehr, nur noch Spinnefäden, die jeder neue Griff deiner Erkenntnis auseinanderreisst."[271] An anderer Stelle kritisiert Nietzsche „[...] die übermässige Lust am Prozesse auf Unkosten des Seins und Lebens [...]."[272]

Nietzsche, der feststellt, „[...] dass bei der historischen Nachrechnung jedesmal so viel Falsches, Rohes, Unmenschliches, Absurdes, Gewaltsames zu Tage tritt [...]."[273] tut sich schwer, mit Blick auf die realgeschichtlichen Fakten historische Gesetzmäßigkeiten im Sinne einer Perfektibilität der Menschheit anzunehmen. Ein Ereignis, das ihn in dieser Auffassung bestärkt haben dürfte, ist sicherlich der deutsch-französische Krieg von 1870/71 gewesen. Für Nietzsche ist klar, welches die „wahren Gesetzmäßigkeiten" des menschlichen Zusammenlebens und damit der Geschichte sind: „Wie, die Statistik bewiese, dass es Gesetze in der Geschichte gäbe? Gesetze? Ja, sie beweist, wie gemein und ekelhaft uniform die Masse ist: soll man die Wirkung der Schwerkräfte Dummheit, Nachäfferei, Liebe und Hunger Gesetze nennen? Nun, wir wollen es zugeben, aber damit steht dann auch der Satz fest: so weit es Gesetze in der Geschichte giebt, sind die Gesetze nichts werth und ist die Geschichte nichts werth."[274]

Auch in *Vom Nutzen und Nachtheil der Historie für das Leben* gibt es eine Stelle, an der Nietzsche den Begriff des Fortschritts explizit anführt. Hier erscheint er allerdings in weitaus negativerem Licht als in der zitierten Passage aus der *Dritte[n] Unzeitgemässe[n] Betrachtung*: „[...] so ist der Teufel der Regent der Welt und der Meister der Erfolge und des Fortschrittes [...]."[275]

---

[271] Ebd., S.313.
[272] Ebd., S.319.
[273] Ebd., S.296.
[274] Ebd., S.320.
[275] Ebd., S.321.

Die Verwendung des Begriffes „*Teufel*" ist in diesem Kontext wohl ein von Nietzsche bewusst eingesetztes rhetorisches Mittel, welches seine dezidierte Ablehnung der Annahme historischer Perfektibilität im Sinne Hegels verstärken soll. An anderer Stelle nämlich heißt es: „Man hat diese Hegelisch verstandene Geschichte mit Hohn das Wandeln *Gottes* auf der Erde genannt […]."[276]

Als eigentliche Triebkraft der Geschichte erkennt Nietzsche weder Gott noch den Weltgeist, sondern einzig die menschliche Eigenbezüglichkeit an. Er schreibt: „[…] die Menschen scheinen nahe daran zu entdecken, dass der Egoismus der Einzelnen, der Gruppen oder der Massen zu allen Zeiten der Hebel der geschichtlichen Bewegungen war […]."[277]

Was bei Nietzsche noch als Ahnung oder Prognose erscheint, nämlich dass der „Glaube" Vieler an historischen Fortschritt und Vervollkommnung der Menschheit einer schmerzvollen Enttäuschung entgegengeht, ist im 20. Jahrhundert zum Teil Wirklichkeit geworden. Man hat daher aus späterer Perspektive Nietzsches „unzeitgemäße" Geschichtsauffassung verschiedentlich als Prophezeiung aufgefasst. Mit Blick auf die Ereignisse des 20. Jahrhunderts, worunter zwei Weltkriege, Genozid sowie akute Bedrohung der Menschheit durch Massenvernichtungswaffen fallen, stellt sich jedenfalls die Frage, ob die von Nietzsche attackierten Fortschrittskonzeptionen klarer und drastischer hätten widerlegt werden können.

Welch bedeutende Rolle die Beschäftigung mit Begriffen wie „Entwicklung" und „Fortschritt" für das Denken Theodor Lessings spielt, ergibt sich aus der Lektüre seiner Autobiographie *Einmal und nie wieder*. Darin beschreibt er, wie sehr der Entwicklungs- und Aufstiegsglaube, den in den Naturwissenschaften Darwin, in den Geisteswissenschaften Hegel und in den Wirtschaftswissenschaften Karl Marx zum Dogma erhoben hätten, das geistige Leben der Zeit um die Jahrhundertwende geprägt habe. Diesen Glauben schließlich abgelegt und damit die drei, wie er sie nennt, „Truggeister" überwunden zu haben, sei der wichtigste Wendepunkt seines Denkens gewesen.

---

[276] Ebd., S.308.
[277] Ebd., S.321.

Es liegt durchaus in der Konsequenz seines erkenntniskritischen Standpunktes und kann daher kaum verwundern, dass Lessing den historischen Entwicklungsbegriff nicht aus dem Geschichtsverlauf ableitet, sondern im Geschichte schreibenden Subjekt verankert sieht. Die mit dem Begriff der historischen Entwicklung verbundenen Termini wie Wachstum, Blüte, Zerfall und Übergang, hält Lessing für Setzungen, die der Mensch nach Analogie der Entwicklung seines eigenen Organismus bilde. Im Sinne seiner nominalistischen Position äußert er, man könne Volk, Staat, Gruppe, Partei usw. und zuletzt das Menschengeschlecht nur als eine organisch stetige Entwicklung vorstellen, doch dieser Organismus sei nirgendwo leibhaft, und seine Einheit bestehe nicht außerhalb des Bewusstseins von Einheit. Für Lessing steht fest: „Nicht wird Entwicklung aus Geschichte geschlossen, sondern an Hand unsres Wachstums- und Entwicklungserlebnisses wird (nach Analogie von Person und personalem Schicksal) Geschichte von uns selber gestaltet, erarbeitet und geglaubt."[278]

Lessing bemüht sich nachdrücklich um die Verdeutlichung dessen, dass er keineswegs die Tatsache rastloser Erneuerung und Wandlung im lebendigen Element der Geschichte abzustreiten gedenke, sondern nur die Annahme als falsch zu entlarven versuche, nach welcher „[...] geschichtliche Vorgänge in Zeit und Raum von sich aus fortschreitende Wertstufenfolgen, also allmähliches Aufsteigen zum Immerhöheren, Immerbesseren, Immervollkommeneren offenbaren. – Wertrangierungen (wie: hoch und niedrig, einfach und kompliziert, gesund und krank, stark und schwach usw.) sind uns vielmehr nur die Funktion vorbestimmender Gesichtspunkte des Urteils."[279]

Die Vertreter der modernen Entwicklungslehren – Lessing führt in diesem Zusammenhang explizit den Namen Hegels an – hat auch Lessing im Verdacht, mit ihrer Rede vom geschichtlichen Fortschritt die jeweils herrschenden Mächte als Gipfel eines notwendigen Prozesses darstellen und deren wie auch immer geartetes Handeln rechtfertigen zu wollen. In diesem Zusammenhang schreibt er: „Fortschritt, Kultur, Entwicklung von Volk, Staat und Vaterland, das sind die bekannten Redensarten,

---

[278] Lessing, Theodor: Geschichte als Sinngebung des Sinnlosen, S.132.
[279] Ebd., S.135.

hinter denen gar nichts steckt, als die Selbstrechtfertigung für Macht- und Erfolgswilligkeiten herrschender oder herrschwilliger Gruppen."[280]

Doch nicht nur als Instrument im Dienste der Machterhaltung erscheint das Fortschrittsdenken in *Geschichte als Sinngebung des Sinnlosen*, sondern sein Autor denkt über eine noch fundamentalere Aufgabe desselben nach. Lessing hält es durchaus für möglich, dass der Mensch ohne die Selbsttäuschung, er lebe in einer Kette historischen Fortschritts und seine Gegenwart stelle demnach einen, wenn auch nur vorläufigen, Gipfelpunkt dar, sein Dasein als leer, unberechtigt, sinnlos oder gar unerträglich empfinden würde. Man verwerfe den Geschichtspessimismus wohl nicht deshalb, weil man seine Lehre für unwahr halte, sondern weil man eingesehen habe, dass es schwer oder gar unmöglich sei, unter dem Druck derartiger Gedanken zu leben. Eine in diesem Kontext hilfreiche Erklärung, warum beispielsweise der Mensch im klassischen Griechenland keine „Selbsttäuschung" im Sinne eines Fortschrittsglaubens benötigte, liefert Lessing hier allerdings nicht.

Dem von ihm einerseits angenommenen Nutzen stellt Lessing andererseits verheerende Auswüchse an die Seite, die in seinen Augen auch auf das Konto des modernen Fortschrittsdenkens gehen: „Man hat mit dieser Entwicklungsreligion die halbe Erde unglücklich gemacht. Man hat die friedlichsten, harmlosesten Naturvölker ausgerottet; hat sie zur Beute der modernen Raubstaaterei, der modernen Handels- und Säbelimperien werden lassen; immer im Namen des Fortschritts. Ganze Tierrassen wurden zugunsten des Komforts vernichtet. Jede Einsamkeit, jede Landschaft, jede uralt heilige Stätte wurde längst entweiht. Man hat den Schlaf der Welt zerstört, die Einfalt und Unmittelbarkeit ihres Erlebens. Man hat naturentfremdet, naturverwüstend das elementarisch unfaßliche Leben glücklich zu Bewußtseinswirklichkeit und Nutzwelt des Menschen verflüchtigt, so daß das ursprüngliche Seinsgefühl der Vorwelt, ihre Naturkulte und Götter, Sinnenwelten und Urschauer, Ehrfürchte und Heiligungen, ihr weltverlorenes und asketisches Glück uns vielleicht überhaupt nicht mehr zugänglich sind."[281]

---

[280] Ebd., S.134.
[281] Ebd., S.142.

Vor allem diejenigen Äußerungen Lessings, die von einer Zerstörung der Natur und der Tierwelt durch den Menschen reden, sind paradigmatisch für eine lebensphilosophische Kulturkritik, die ein starkes Interesse an Ökologie und Umweltschutz hat, das zudem häufig mit technikfeindlichen Tendenzen einhergeht. Die von Nietzsche oft eher abstrakt und dunkel artikulierte Angst vor einer Dominanz des Logischen zum Nachteil des Vitalen wird von Lessing vielfach als konkrete Bedrohung der Natur durch die zerstörerisch wirkende Manifestation menschlicher Rationalität beklagt. Dies ist besonders in jenem Text der Fall, dem Lessing den Status einer „[...] Ergänzung und Einleitung in das im gleichen Verlage erschienene Werk: >Geschichte als Sinngebung des Sinnlosen<"[282] zuschreibt. In *Die verfluchte Kultur. Gedanken über den Gegensatz von Leben und Geist*, worin Lessing der Zerstörung der Natur durch den Menschen ein ganzes Kapitel widmet, finden sich drastische Äußerungen zum Verhältnis von Geist und Natur: „Wo aber auf der Erde gibt es Mord- und Raubwesen, so unsagbar grausam wie die Menschenvernunft und ihr >Geist<? [...] Die Natur wurde unser Feind überall dort, wo wir nicht mehr ihr zugehören, sondern sie, als >geistige Wesen<, zu unserm Sachwert und Gegenstand gemacht haben [...]."[283]

In ähnlicher Weise wie Nietzsche, der den Teufel als den wahren Meister des Fortschritts bezeichnet, ist auch Lessing darum bemüht, den Fortschrittsbegriff durch die Erzeugung eindringlicher Konnotationen abzuwerten. Er spricht von der „Hölle des Fortschritts"[284] und verwendet diesen Ausdruck sogar als Kapitelüberschrift.

Zudem trifft Nietzsches Auffassung, wonach der menschliche Egoismus das geschichtliche Treiben wesentlich ausmachen soll, auf Lessings Zustimmung. Lessing zufolge dürfe man sich darüber auch nicht durch monumentale historische Begebenheiten täuschen lassen, in denen nur scheinbar überindividuelle Einheiten agierten. Diese seien lediglich Zusammenschlüsse gleichgesinnter Privategoismen. In einem „Die Ichbezüglichkeit in der Geschichte"[285] betitelten Kapitel schreibt Lessing dazu: „Dementsprechend ist der gewaltigste Krieg, die gewaltigste Re-

---

[282] Lessing, Theodor: Die verfluchte Kultur, S.5.
[283] Ebd., S.22f.
[284] Ebd., S.137.
[285] Ebd., S.92.

volution doch nur aus Milliarden Einzelwillen und Einzelschicksalen zusammengesetzt, deren jeder und jedes inmitten der von allen gegen alle geübten Störung seine Bahn verfolgend, künstliche Gruppenseelen, Inbegriffe, Geisteswesen bilden hilft, welche gerade vermöge der Folgerichtigkeit aller Privategoismen zu einem Gesamtbild zusammenlaufen, von dem von nachhinein der sinngebende Historiker erzählt: >Europa faßte den Entschluß<, >Amerika huldigte dem Grundsatz<; >Die germanische Weltanschauung vertritt den Standpunkt!< usw."[286]

Das realgeschichtliche Scheitern der historischen Fortschrittsidee offenbart sich für Lessing durch dasjenige Ereignis, welches ihn dann auch zur Abfassung von *Geschichte als Sinngebung des Sinnlosen* inspiriert, durch den Ersten Weltkrieg: „Denn wir erlitten den Zusammenbruch der abendländischen Fortschrittsidee und Entwicklungsphilosophie. Wer die Jahre 1914 bis 1918 wachen Sinnes erlebt hat, der weiß, was er künftig von Entwicklung und Fortschritt in Natur und Geschichte zu halten hat."[287]

Am 26. Januar 1995 hielt Günter Kunert anlässlich der Eröffnung einer Ausstellung in der Volkshochschule Hannover einen Vortrag über Theodor Lessing. Sein Titel: „Theodor Lessing – *der Prophet.*"[288]

Obgleich man sowohl in Bezug auf Lessing als auch hinsichtlich der Person Nietzsches an der Angemessenheit derartiger Bezeichnungen zweifeln darf, muss man beiden ein hohes Maß an Sensibilität für die Gefahren bescheinigen, welche im Glauben an einen notwendig sich vollziehenden und auf Vollendung ausgerichteten Geschichtsverlauf liegen. Unbestritten ist, dass vor allem das von 1933-1945 in Deutschland herrschende nationalsozialistische Regime mit eben jenen Begriffen umging, auf deren Gefährlichkeit Nietzsche und Lessing nachdrücklich hingewiesen hatten. Immer wieder verwandte und glorifizierte man Abstrakta wie Volk, Deutschtum und Rasse, sah sich als Gipfelpunkt alles bisherigen Geschehens, fühlte sich auserwählt und berief sich auf

---

[286] Ebd., S.94.
[287] Ebd., S.187.
[288] Kunert, Günter: Theodor Lessing – der Prophet. Vortrag, gehalten am 26. Januar 1995 in der Volkshochschule Hannover zur Eröffnung der Ausstellung „Wissen ist Macht...Bildung ist Schönheit! Ada & Theodor Lessing und die Volkshochschule Hannover", Bremen 1995.

die göttliche Vorsehung. Dass dieses Regime, welches Lessing nur noch kurze Zeit erlebt hat, den Gang der Geschichte auf einen Höhepunkt menschlicher Grausamkeit und damit den aus der Aufklärung erwachsenen Glauben an die sukzessive Vervollkommnung der Menschheit vollends vernichten würde, hat wohl auch er in diesem Ausmaß nicht vorausgesehen. Was er allerdings geahnt zu haben scheint, ist, dass er, der jüdische Intellektuelle mit den unbequemen, unzeitgemäßen und allzu entlarvenden Positionen, für dieselben wahrscheinlich den Preis seines Lebens zu zahlen haben würde. In seiner Autobiographie finden sich die angesichts der späteren Ereignisse tatsächlich prophetisch anmutenden Worte: „Es ist möglich, daß solch ein fanatischer Querkopf mich niederschlägt, wie sie Rathenau und Harden niedergeschlagen haben. Nun, dann werde ich zu Gott beten, daß es schnell geschehe. Am Leben gehangen, das habe ich nie."[289]

Leider sollte Lessing mit seiner Ahnung recht behalten. Obgleich nach Marienbad in der Tschechoslowakei geflohen, wird Lessing am 30. August 1933, nachdem die Nationalsozialisten eine Kopfprämie von 80000 Reichsmark auf ihn ausgesetzt haben, durch die Fensterscheibe seines Arbeitszimmers erschossen. Die Tat konnte später eindeutig als minutiös geplanter Auftragsmord der Nationalsozialisten geklärt werden.

---

[289] Lessing, Theodor: Einmal und nie wieder, S.411.

XI. Ergebnisse

1.) Der Blick auf die Umstände der Entstehung von Friedrich Nietzsches *Unzeitgemässe[n] Betrachtung[en]* bzw. seiner Historienschrift und Theodor Lessings *Geschichte als Sinngebung des Sinnlosen* scheint eine Kontinuität zu offenbaren, die in gewisser Weise Max Schelers Charakterisierung der Lebensphilosophie bestätigt, wonach es sich bei dieser um „[...] eine Philosophie aus der Fülle des Lebens heraus, ja – schärfer gesagt – eine *Philosophie aus der Fülle des Erlebens heraus* [...]."[290] handelt.

Es hat sich jedenfalls gezeigt, dass sowohl für Nietzsches „Standpunkt der Unzeitgemäßheit", als auch für Lessings Geschichtszweifel ein bestimmtes Erleben, nämlich dasjenige des Krieges eine wichtige Rolle spielt. Zudem stehen beide Denker in Opposition zum jeweils herrschenden Zeitgeist, was dann auch in den Inhalten der *Zweite[n] Unzeitgemässe[n] Betrachtung* und in *Geschichte als Sinngebung des Sinnlosen* zum Ausdruck kommt. Nietzsche opponiert vor allem gegen den zu seiner Zeit hoch im Kurs stehenden Historismus, Lessing versieht die Sinnstiftungen der kriegsbegeisterten Intellektuellen im deutschen Kaiserreich mit massiver Kritik.

Als philosophiegeschichtliche Verbindungslinie zwischen Nietzsche und Lessing wurde die Lebensphilosophie ausgewiesen, die neben Ähnlichkeiten der Biographie und Intention beider Autoren als zusätzliches Moment einen Vergleich der beiden miteinander nahelegt. In diesem Zusammenhang zeigte sich, dass Nietzsche – einer der maßgeblichen Begründer dieser Strömung – nicht nur die Zentrierung des Lebensbegriffes, sondern auch die kulturkritischen Tendenzen sowie die Beschäftigung mit Geschichte bei diversen lebensphilosophischen Autoren angeregt hat. In Bezug auf Lessing, bei welchem sich alle drei Aspekte wiederfinden, ließ sich zudem die spezielle Kontinuität der Kritik an einem bestimmten Umgang mit Geschichte konstatieren.

Dass es sich bei der Feststellung einer Kontinuität von Nietzsches *Vom Nutzen und Nachteil der Historie für das Leben* zu Lessings *Geschichte als Sinngebung des Sinnlosen* und der Annahme von Einflüssen jenes

---

[290] Scheler, Max: Versuche einer Philosophie des Lebens. Nietzsche – Dilthey – Bergson, S.313.

Textes auf diesen keineswegs um eine rein hypothetische Konstruktion handelt, hat spätestens der Blick auf Lessings Rezeption der *Zweiten Unzeitgemässe[n] Betrachtung* gezeigt. In den Texten *Schopenhauer, Wagner, Nietzsche. Einführung in die moderne deutsche Philosophie* und *Nietzsche* nimmt Lessing direkt auf die Historienschrift Bezug und offenbart ein affirmatives Verhältnis zu derselben. Hinsichtlich seines geschichtskritischen Denkens und seiner Rolle als Außenseiter unter den Intellektuellen des Kaiserreichs stellt er sich zudem selbst in die Tradition Schopenhauers und Nietzsches.

2.) Die Untersuchung des Verhältnisses von „Leben" und Geschichte in Nietzsches Historienschrift widmete sich zunächst der Rolle, die der Lebensbegriff in besagtem Text spielt. Hierbei wurde klar, dass es Nietzsche vor allem darum geht, „Leben" in das seiner Auffassung nach richtige Verhältnis zu Begriffen wie „Erkennen", „Verstand", „Geist" etc. zu setzen. In nachdrücklicher Weise macht er darauf aufmerksam, dass „Leben" als Fundament jeglichen Daseins zu betrachten sei. Dieses müsse seinem Wesen nach als alogisch und geschichtslos aufgefasst werden und sei daher mit den Mitteln des Verstandes nicht zu erfassen.

Das von Nietzsche festgestellte Übermaß an historischem Wissen, mit welchem sich das zeitgenössische Individuum konfrontiert sähe, lähme dessen Handlungsfähigkeit und greife daher seine Lebendigkeit an. Nietzsche, der durchaus eine geschichtliche Verfasstheit des Menschen a priori einräumt, fordert, man müsse Historisches und Unhistorisches in ein ausgewogenes Verhältnis zueinander setzen. Er spricht sich nicht gegen die Historie per se aus, sondern kritisiert in erster Linie eine solche, die sich als „strenge Wissenschaft" versteht. Letztlich spricht er sich damit generell gegen die Dominanz der zeitgenössischen Wissenschaft und gegen den uneingeschränkten „Glauben" der Menschen an dieselbe aus. Seine Auffassung, „Leben" sei das Fundament allen Daseins und damit oberstes Prinzip, führt Nietzsche schließlich auf einen Wahrheitsbegriff, welcher „wahr" mit „lebensfördernd" gleichsetzt. Zudem wendet er sich der Untersuchung dessen zu, in welcher Weise die Historie dem „Lebendigen" zugehört und kommt zu seiner Unterscheidung dreier Arten der Historie.

Obwohl Lessing den von Nietzsche verwendeten Lebensbegriff als „unscharf" kritisiert und aus moralischen Gründen vor einer Verabsolutierung desselben warnt, wurde deutlich, dass der fundamentale Status der Sphäre der „vitalité" in *Geschichte als Sinngebung des Sinnlosen* durchaus demjenigen des „Lebens" in Nietzsches Historienschrift ähnelt. Besagte Sphäre ist auch Lessing zufolge nicht begrifflich fixierbar oder einer wissenschaftlichen Analyse zugänglich. Ebenso wie für Nietzsche, ist Geschichtlichkeit auch für Lessing ein den Menschen auszeichnendes Charakteristikum. Die grundsätzliche menschliche Tendenz zur Geschichtsbildung offenbart sich für Lessing in dem immerwährenden Streben des Menschen, Ideale und Wünsche zu verwirklichen bzw. verwirklicht zu sehen. Diese vermeintlich in Geschichte enthaltenen Ideale seien allerdings lediglich Illusionen, zu welchen der Versuch einer Verwirklichung von Idealen, welche der normativen Sphäre zugehörten, notwendigerweise führe. Da für Lessing dieser Akt der Wunsch- und Idealverwirklichung, den er als „Willenschaft" bezeichnet, menschliches *Leben* kennzeichnet, verschiebt sich auch bei ihm der Wahrheitsbegriff in dem Sinne, dass er Geschichte als „strenge Wissenschaft" deshalb kritisiert, weil sie dem Menschen seine Illusionen raube.

Obwohl Nietzsche und Lessing hier in ähnlicher Weise auf eine Kritik an einer zu stark ausgeprägten Dominanz der Rationalität und damit der Wissenschaft abzielen, differieren ihre Positionen doch dahingehend, dass bei Lessing die Neigung zur Geschichtsbildung noch enger mit menschlichem *Leben* verbunden wird, während bei Nietzsche der *Antagonismus* von „Leben" und Geschichte hervorgehoben wird.

Lessing, der in Nietzsches Unterscheidung dreier Arten der Historie seine eigene Theorie von der Geschichte als „Willenschaft" bereits angelegt sieht, diese jedoch für unvollständig hält und seinerseits drei andere Zugangsweisen zur Geschichte vorstellt, übt zudem Kritik an der bei Nietzsche deutlich durchscheinenden Glorifizierung der „starken Individuen", des Monumentalen innerhalb der Geschichte. Er spricht sich deutlich gegen eine Verabsolutierung des „Lebens" aus, die in eine Verherrlichung bloßer Kraft und Stärke mündet. Als Ideal erscheint bei ihm nicht das starke, sondern das sittlich handelnde Individuum.

3.) Als besonders wichtiges Ergebnis dieser Abhandlung, welches außerhalb der Feststellung einer durch die Lebensphilosophie geprägten Kontinuität Nietzsches *Zweite Unzeitgemässe Betrachtung* und Lessings *Geschichte als Sinngebung des Sinnlosen* in einer Traditionslinie erscheinen lässt, kann die Erkenntnis gelten, dass sich bereits in Nietzsches Historienschrift jener Gedanke von der Geschichte als „nachträglicher Sinngebung" finden lässt, der von Lessing systematisch entwickelt wird und ohne Zweifel die Essenz seines Textes bildet. Es ist jener von Nietzsche relativ knapp vorgestellte und sogar mittels zweier Zitate (Grillparzer, Schiller) ausgedrückte Gedanke, wonach keineswegs geschichtliche Ereignisse an sich Einheit, Zusammenhang und Sinn offenbaren, sondern der menschliche Verstand diese im Nachhinein in die Geschichte hineindenkt.

Als wichtig in diesem Kontext, weil von Lessing später wieder aufgenommen, erwies sich zudem Nietzsches psychologische Erkenntnis, wonach die wissenschaftliche Verarbeitung eines vergangenen Ereignisses oftmals auch eine Befreiung von demselben bedeute.

Aus Lessings im Zusammenhang mit seiner „logificatio post festum" dargestellten historischen Kategorienlehre ergab sich, dass auch Lessing, wie Nietzsche, dem erkenntnistheoretischen Nominalismus zuneigt („geschichtliches Subjekt") und dass diese Position bei beiden über die eines rein erkenntnistheoretischen Standpunktes hinausgeht. Nietzsche befürchtet, dass das Individuum durch allzu ausgiebiges Nachdenken über das Ziel der Menschheit (ein Abstraktum) seine eigenen Ziele vergisst und Lessing will das Eigenrecht jedes Individuums gewahrt wissen.

Als wichtigste psychologische Implikation der „logificatio post festum" führt Lessing die menschliche Neigung an, das Faktische auch als notwendig anzusehen, worin er vor allem eine Form des Selbsterhaltungstriebes erkennt. Mit dieser Position distanziert er sich nachdrücklich von der Auffassung, es existiere eine dem Geschichtsverlauf immanente Notwendigkeit. Die große Gefahr derartiger Geschichtsauffassungen sieht Lessing darin, dass sich dadurch ein jeder, aus ethischer Sicht noch so unhaltbarer Zustand, rechtfertigen lässt. Hier zeigte sich, wie nachdrücklich bereits Nietzsche an mehreren Stellen seiner Historienschrift auf diese Gefahr hinweist.

4.) Aus der Betrachtung von Nietzsches und Lessings Interpretation des modernen Fortschrittsbegriffs wurde ersichtlich, dass bei beiden die später von Karl Löwith systematisch ausgearbeitete These anklingt, wonach die moderne Fortschrittsidee ihre Wurzeln im christlichen Glauben an ein Heilsgeschehen hat. Der Säkularisierung ungeachtet haben beide besagtes Fortschrittsdenken im Verdacht, in Wahrheit religiöse Bedürfnisse des Menschen zu bedienen.

Nietzsche, der den Fortschrittsbegriff zumeist mit negativen Konnotationen versieht, kritisiert in diesem Zusammenhang vor allem den Gedanken einer Vollendung des Geschichtsprozesses, als dessen Urheber er Hegel ausmacht. Dieser Gedanke führt nach Nietzsches Auffassung zur Resignation, blockiert das Handeln und steht somit dem „Leben" entgegen. Mit Blick auf die historischen Fakten erscheint ihm auch die Annahme einer sukzessiven Verbesserung der Menschheit als absurd. Als einziges „Gesetz", als eigentliche Triebkraft der Geschichte bezeichnet er den menschlichen Egoismus.

Lessing, für den der Begriff der historischen Entwicklung nur eine Projektion des Menschen nach Analogie seiner eigenen organischen Entwicklung ist, sieht auch in der Annahme eines Fortschritts zum Besseren eine Schutzfunktion des Menschen, durch welche dieser davor bewahrt werde, sein Dasein als sinnlos und unberechtigt zu empfinden.

Eine destruktive Auswirkung des *technischen* Fortschritts und des mit diesem einhergehenden Bedürfnisses der Menschen nach immer mehr Komfort erblickt Lessing u.a. in der zunehmenden Zerstörung der Natur und der Bedrohung der Tierwelt.

Zudem findet sich Nietzsches Auffassung, wonach der menschliche Egoismus der wahre Lenker der Geschichte ist, auch bei Lessing wieder.

Wohl noch drastischer als Nietzsche erlebt und empfindet Theodor Lessing das Scheitern der modernen Fortschrittsidee, welches sich ihm durch das Ereignis des Ersten Weltkrieges offenbart.

XII. Literatur

Albert, Karl: Lebensphilosophie. Von den Anfängen bei Nietzsche bis zu ihrer Kritik bei Lukács, Freiburg (Breisgau)/München 1995.

Albert, Karl: Philosophie im Schatten von Auschwitz. Edith Stein – Theodor Lessing – Walter Benjamin – Paul Ludwig Landsberg, Dettelbach Röll 1995.

Albert, Karl/*Jain*, Elenor: Philosophie als Form des Lebens. Zur ontologischen Erneuerung der Lebensphilosophie, Freiburg (Breisgau)/München 2000.

Bischof, Rita: Entzauberte Geschichte; in: Lessing, Theodor: Geschichte als Sinngebung des Sinnlosen, München 1983, S.265-291.

Böhm, Peter: Theodor Lessings Versuch einer erkenntnistheoretischen Grundlegung von Welt. Ein kritischer Beitrag zur Aporetik der Lebensphilosophie, Würzburg 1986.

Bollnow, Otto Friedrich: Die Lebensphilosophie, Berlin/Göttingen/Heidelberg 1958.

Burckhardt, Jacob: Weltgeschichtliche Betrachtungen, hrsg. von Rudolf Marx, Stuttgart 1978.

Colli, Giorgio: Die ersten drei Unzeitgemäßen Betrachtungen; in: Nietzsche, Friedrich: Sämtliche Werke, Kritische Studienausgabe (KSA), Bd.1, hrsg. von Giorgio Colli und Mazzino Montinari, Berlin/New York 1967-1977 und ^{2}1988, S.905-907.

Fellmann, Ferdinand: Lebensphilosophie. Elemente einer Theorie der Selbsterfahrung, Reinbek bei Hamburg 1993.

Feuerbach, Ludwig: Ueber das Wunder; in: Feuerbach, Ludwig: Sämtliche Werke, neu hrsg. von Wilhelm Bolin und Friedrich Jodl, siebter Band: Erläuterungen und Ergänzungen zum Wesen des Christenthums, Stuttgart/Bad Canstatt ^{2}1960. S.1-41.

Feuerbach, Ludwig: Über Philosophie und Christenthum in Beziehung auf den der Hegelschen Philosophie gemachten Vorwurf der Unchristlichkeit; in: Feuerbach, Ludwig: Sämtliche Werke, siebter Band: Erläuterungen und Ergänzungen zum Wesen des Christenthums, Stuttgart/Bad Canstatt ^{2}1960. S.41-103.

Figal, Günther: Nietzsche. Eine philosophische Einführung, Stuttgart 1999.

Flasch, Kurt: Die geistige Mobilmachung. Die deutschen Intellektuellen und der erste Weltkrieg. Ein Versuch, Berlin 2000.

Gerhardt, Volker: Leben und Geschichte. Menschliches Handeln und historischer Sinn in Nietzsches 2. „Unzeitgemäßer Betrachtung"; in: Wahrheit und Begründung, hrsg. von Volker Gerhardt u. Norbert Hold, Würzburg 1984. S.147-167.

Gerhardt, Volker: Geschichtlichkeit bei Hegel und Niezsche; in: Nietzsche und Hegel, hrsg. von Mihailo Djuric und Josef Simon, Würzburg 1992. S.29-47.

Gerhardt, Volker: Friedrich Nietzsche, München ^{2}1995.

Germer, Andrea: Wissenschaft und Leben. Max Webers Antwort auf eine Frage Friedrich Nietzsches, Göttingen 1994.

Gerratana, Federico: Unzeitgemäße Betrachtungen; in: Kindlers Neues Literaturlexikon, hrsg. von Walter Jens, Bd.12, München 1991. S.438-440.

Hegel, Georg Wilhelm Friedrich: Grundlinien der Philosophie des Rechts oder Naturrecht und Staatswissenschaft im Grundrisse; in: Hegel, Georg Wilhelm Friedrich: Werke in 20 Bänden, auf der Grundlage der Werke von 1832-1845 neu ed. Ausg., Bd.7, Frankfurt am Main ^{5}1996.

Hegel, Georg Wilhelm Friedrich: Vorlesungen über die Philosophie der Geschichte; in: Hegel, Georg Wilhelm Friedrich: Werke in 20 Bänden, auf der Grundlage der Werke von 1832-1845 neu ed. Ausg., Bd.12, Frankfurt am Main ^{5}1999.

Hieronimus, Ekkehard: Theodor Lessing, Otto Meyerhof, Leonard Nelson. Bedeutende Juden in Niedersachsen, Hannover 1964.

Hinck, Walter: Kritik und Legitimation der Geschichtsdichtung; in: >Vom Nutzen und Nachteil der Historie für das Leben<. Nietzsche und die Erinnerung in der Moderne, hrsg. von Dieter Borchmeyer, Frankfurt am Main 1996. S.184-195.

Hüsgen, Hans Dieter: Geschichtsphilosophie und Kulturkritik Theodor Lessings, Mainz 1961.

Jaeger, Friedrich/*Rüsen*, Jörn: Geschichte des Historismus. Eine Einführung, München 1992.

Janz, Curt Paul: Friedrich Nietzsche. Biographie, erster Band, München/Wien 1978.

Kunert, Günter: Theodor Lessing – der Prophet. Vortrag, gehalten am 26. Januar 1995 in der Volkshochschule Hannover zur Eröffnung der Ausstellung „Wissen ist Macht...Bildung ist Schönheit! Ada & Theodor Lessing und die Volkshochschule Hannover", Bremen 1995.

Lenk, Elisabeth: Fortschritt ist wachsender Tod. Der Unheilsprophet Theodor Lessing; in: Lessing, Theodor: Die verfluchte Kultur. Gedanken über den Gegensatz von Leben und Geist. Mit einem Essay von Elisabeth Lenk, München 1995. S.75-85.

Le Rider, Jacques: Erinnern, Vergessen und Vergangenheitsbewältigung. Zur Aktualität der *Zweiten Unzeitgemäßen Betrachtung*; in: Zeitenwende – Wertewende, Internationaler Kongreß der Nietzsche-Gesellschaft zum 100. Todestag Friedrich Nietzsches vom 24.-27. August 2000 in Naumburg, hrsg. von Renate Reschke im Auftrag der Nietzsche-Gesellschaft, Berlin 2001. S.97-109.

Lessing, Theodor: Schopenhauer, Wagner, Nietzsche. Einführung in die moderne deutsche Philosophie, München 1906.

Lessing, Theodor: Nietzsche. Berlin 1925.

Lessing, Theodor: Geschichte als Sinngebung des Sinnlosen oder die Geburt der Geschichte aus dem Mythos, Leipzig ^{4}1927.

Lessing, Theodor: Europa und Asien. Untergang der Erde am Geist, Leipzig ^{5}1930.

Lessing, Theodor: Einmal und nie wieder, Gütersloh 1969.

Lessing, Theodor: Geschichte als Sinngebung des Sinnlosen, München 1983.

Lessing, Theodor: Die verfluchte Kultur. Gedanken über den Gegensatz von Leben und Geist, München 1995.

Löwith, Karl: Weltgeschichte und Heilsgeschehen. Die theologischen Voraussetzungen der Geschichtsphilosophie, Stuttgart/Berlin/Köln ^{8}1990.

Marwedel, Rainer: „Ich warf eine Flaschenpost ins Eismeer der Geschichte"; in: Lessing, Theodor: Ich warf eine Flaschenpost ins Eismeer der Geschichte. Essays und Feuilletons, hrsg. und eingeleitet von Rainer Marwedel, Hannover 1986. S.9-51.

Marwedel, Rainer: Theodor Lessing: 1872-1933. Eine Biographie, Darmstadt/Neuwied 1987.

Marx, Rudolf: Nachwort; in: Burckhardt, Jacob: Weltgeschichtliche Betrachtungen, hrsg. von Rudolf Marx, Stuttgart 1978. S.273-328.

Mayer, Hans: Der unzeitgemäße Theodor Lessing; in: Lessing, Theodor: Einmal und nie wieder, Gütersloh 1969. S.1-4.

Meyer, Katrin: Friedrich Nietzsches „Vom Nutzen und Nachteil der Historie für das Leben", Würzburg 1998.

Meyer, Theo: Nietzsche. Kunstauffassung und Lebensbegriff, Tübingen 1991.

Nietzsche, Friedrich: Briefe: April 1869 – Mai 1872; in: Nietzsche, Friedrich: Briefwechsel, Kritische Gesamtausgabe (KGA), hrsg. von Giorgio Colli und Mazziono Montinari, zweite Abteilung, erster Band, Berlin/New York 1977.

Nietzsche, Friedrich: Briefe: Mai 1872 – Dezember 1874; in: Nietzsche, Friedrich: Briefwechsel, KGA, zweite Abteilung, dritter Band, Berlin/New York 1978.

Nietzsche, Friedrich: Briefe an Nietzsche: Mai 1872 – Dezember 1874; in: Nietzsche, Friedrich: Briefwechsel, KGA, zweite Abteilung, vierter Band, Berlin/New York 1978.

Nietzsche, Friedrich: Briefe: Januar 1875 – Dezember 1879; in: Nietzsche, Friedrich: Briefwechsel, KGA, zweite Abteilung, fünfter Band, Berlin/New York 1980.

Nietzsche, Friedrich: Nachgelassene Fragmente: Sommer 1872 – Ende 1874; in: Nietzsche, Friedrich: Nachgelassene Fragmente, Kritische Gesamtausgabe (KGA), hrsg. von Giorgio Colli und Mazzino Montinari, dritte Abteilung, vierter Band, Berlin/New/York 1978.

Nietzsche, Friedrich: Unzeitgemässe Betrachtungen, erstes Stück: David Strauss der Bekenner und der Schriftsteller; in: Nietzsche, Friedrich: Sämtliche Werke, Kritische Studienausgabe (KSA), Bd.1, hrsg. von Giorgio Colli und Mazzino Montinari, Berlin/New York 1967-77 und ^{2}1988.

Nietzsche, Friedrich: Unzeitgemässe Betrachtungen, zweites Stück: Vom Nutzen und Nachtheil der Historie für das Leben; in: Nietzsche, Friedrich: Sämtliche Werke, KSA, Bd.1, Berlin/New York 1967-77 und ^{2}1988.

Nietzsche, Friedrich: Unzeitgemässe Betrachtungen, Drittes Stück: Schopenhauer als Erzieher; in: Nietzsche, Friedrich: Sämtliche Werke, KSA, Bd.1, Berlin/New York 1967-77 und ^{2}1988.

Nietzsche, Friedrich: Fünf Vorreden zu fünf ungeschriebenen Büchern. Über das Pathos der Wahrheit; in: Nietzsche, Friedrich: Sämtliche Werke, KSA, Bd.1, Berlin/New York 1967-77 und ²1988.

Nietzsche, Friedrich: Ueber Wahrheit und Lüge im aussermoralischen Sinne; in: Nietzsche, Friedrich: Sämtliche Werke, KSA, Bd.1, Berlin/New York 1967-77 und ²1988.

Nietzsche, Friedrich: Der Antichrist. Fluch auf das Christenthum; in: Nietzsche, Friedrich: Sämtliche Werke, KSA, Bd.6, Berlin/New York 1967-77 und ²1988.

Nietzsche, Friedrich: Ecce homo. Wie man wird, was man ist; in: Nietzsche, Friedrich: Sämtliche Werke, KSA, Bd.6, Berlin/New York 1967-77 und ²1988.

Oexle, Otto Gerhard: Geschichtswissenschaft im Zeichen des Historismus, Göttingen 1996.

Pflug, G.: Lebensphilosophie; in: Historisches Wörterbuch der Philosophie, hrsg. von Joachim Ritter und Karlfried Gründer, Bd. 5, Basel 1980. Sp.135-140.

Ries, Wiebrecht: Nietzsche zur Einführung, Hamburg ⁵1995.

Ross, Werner: Der ängstliche Adler. Friedrich Nietzsches Leben, München ⁴1999.

Salaquarda, Jörg: Studien zur Zweiten Unzeitgemäßen Betrachtung; in: Nietzsche-Studien, Internationales Jahrbuch für die Nietzsche-Forschung, hrsg. von Ernst Behler, Mazzino Montinari, Wolfgang Müller-Lauter, Heinz Wendel, Bd. 13, Berlin/New York 1984. S.1-45.

Scheler, Max: Versuche einer Philosophie des Lebens. Nietzsche – Dilthey – Bergson; in: Scheler, Max: Vom Umsturz der Werte, Abhandlungen und Aufsätze, Gesammelte Werke, Band 3, Bern ⁵1972. S.311-339.

Schiller, Friedrich: Was heisst und zu welchem Ende studiert man Universalgeschichte? Eine akademische Antrittsrede; in Schillers Werke, Nationalausgabe, 17. Band, Historische Schriften, Erster Teil, hrsg. von Karl-Heinz Hahn, Weimar 1970. S.359-356.

Schnädelbach, Herbert: Philosophie in Deutschland 1831-1933, Frankfurt am Main 1983.

Scholtz, G.: Historismus, Historizismus; in: Historisches Wörterbuch der Philosophie, hrsg. von Joachim Ritter, Band 3: G-H, Basel 1974. Sp.1141-1147.

Sommer, Urs: Der Geist der Historie und das Ende des Christentums. Zur „Waffengenossenschaft" von Friedrich Nietzsche und Franz Overbeck, Berlin 1997.

Steenblock, Volker: Transformationen des Historismus, München 1991.

Wittkau, Annette: Historismus. Zur Geschichte des Begriffs und des Problems, Göttingen 1992.

Zachriat, Wolf Gorch: Die Ambivalenz des Fortschritts. Friedrich Nietzsches Kulturkritk, Berlin 2001.

www.ingramcontent.com/pod-product-compliance
Lightning Source LLC
Chambersburg PA
CBHW030445300426
44112CB00009B/1170